Verehrte Leserschaft,

wir haben es schon wieder getan – die Fränkische Bierkellerkultur lässt uns einfach nicht los. Nach über 200 getesteten Biergärten und Bierkellern 2005 haben wir 2006 nochmals etwa 300 neue Wirte und Wirtschaften besucht und damit das erkundete Gebiet entscheidend erweitert. Insgesamt standen am Ende der Recherche etwa 300 Bierkeller und Biergärten, die einen Platz im vorliegenden Buch verdient hatten. Doch wer schleppt schon gerne ein halbes Kilo Bierkellerführer mit sich herum?

Deshalb haben wir uns entschieden, zwei Bände zu erstellen und diese in Form und Seitenzahl wie das erste Buch gestaltet. Zusätzlich konnten wir viele Anregungen aus Leserbriefen und eMails mit aufnehmen. Zum Beispiel bietet jeder Band ein ausführliches Verzeichnis der enthaltenen Bierkeller nach Orten. Außerdem finden Sie auf jeder Seite den nächstmöglichen Bahn- oder Bus-Halt und die GPS-Koordinaten, damit Sie immer schnell und genau zum Ziel gelangen. Bei all der Arbeit können sich natürlich hier und da Fehler eingeschlichen haben, für die wir uns bereits jetzt entschuldigen möchten. Alle Daten wurden März 2007 nochmals aktualisiert, außerdem können Sie über die Website www.bierkeller.by jederzeit auf eine ständig aktualisierte Datenbank zurückgreifen. Korrekturen und Anregungen schicken Sie bitte an info@guidemedia.de.

Bedanken möchten wir uns bei Silke Barthel, Michael Karg und Michael Capito vom Fränkischen Tag und Michael Eidenmüller für die Unterstützung bei der Realisation des Projektes, sowie bei unserem GuideMedia-Team Florian Spindler, Benjamin Strüh, Nicole Schramm, Frank Märzke und Melanie Wohnfurter. Sie hatten alle eine harte Zeit mit genervten Autoren, tausenden zu bearbeitenden Bildern und vielen hunderten Telefonaten. Danke!

Markus Raupach

Bastian Böttner

GUIDEMEDIA

INHALT

IMPRESSUM

Produktion: Silke Barthel
Gestaltung: Michael Karg
Druck: creo Druck & Medienservice, Bambe

ISBN-13: 978-3-936897-48-7

INHALT

REPORTAGEN

SONSTIGES

= Autobahn ● = Region ab Seite im Kreis

Frankens schönste Bierkeller und Biergärten

Im vorliegenden Band finden Sie die Regionen Bamberg, Bamberg Nord-West, Coburg, Kulmbach, Kronach, Lichtenfels und Bamberg Süd. „Frankens schönste Bierkeller und Biergärten Süd" behandelt die Kapitel Forchheim, Fränkische Schweiz Nord und Süd, Aischgrund, Erlangen, Erlangen/Nürnberg Land sowie Bayreuth Stadt und Land.

SYMBOLLEGENDE

Für die Schnellblätterer und Kurzentschlossenen unter Ihnen haben wir 7 verschiedene Symbole entworfen. Diese befinden sich am oberen Rand jeder Kellerseite und wurden auf Basis der Informationen, die wir von den Wirten bekamen, zugeteilt.

BIERKRUG:
Eigene Brauerei vor Ort

SENIOREN:
Leicht erreichbar & ebenerdige Toiletten

KINDER:
Ungefährliche Umgebung & Spielmöglichkeiten

KORB:
Eigene Brotzeiten mitbringen erlaubt

BEDIENUNG:
Speisen & Getränke von freundlicher Bedienung

MUSIK:
Unregelmäßig Live-Musik (Termine bitte vor Ort erfragen)

WEBSEITE:
Eigene informative und aktuelle Internetpräsenz

BIERPREISE:

3 Krüge = Viel Bier fürs Geld

2 Krüge = Gutes Mittelmaß

1 Krug = Gehobene Preisklasse

ESTELLINFOS:

ankens schönste Bierkeller
nd Biergärten - Süd"
hältlich ist die Reihe „Frankens
hönste Bierkeller und Biergärten"
i allen Buchhandlungen und über
n Fränkischen Tag Buchverlag.

Alle Angaben ohne Gewähr.
Stand: 08.01.2007

Automatische Fahrplanauskunft
Tel. 0800-1507090 (kostenlos aus dem Festnetz der DT AG)

DB Reise-Service, Tel. 118 61
3 ct/Sek., ab Weiterleitung zum DB Reise-Service
39 ct/angef. Min. (inkl. USt., aus dem Festnetz der DT AG)

Mobilitätsservice-Zentrale
Tel. 0180 5- 512512
Reise-Service für mobilitätseingeschränkte Reisende
(14 ct/Min., inkl. Ust., aus dem Festnetz der DT AG)
www.bahn.de/fahrplanaenderungen
Fragen, Anregungen, Kritik
Regionaler Ansprechpartner Nahverkehr - RANranbayern@bahn.de
Tel. 0180-5 702170
(14 ct/Min., inkl. USt., aus dem Festnetz der DT AG)

Streckenkarte Bayern (Auszug) und Kooperationspartner der DB Regio

- Knotenbahnhöfe mit Fernverkehrsanschluss
- übrige Halte mit Fernverkehrsanschluss
- Knotenbahnhöfe
- übrige Halte
- Halt mindestens halbstündlich
- Halt mindestens stündlich
- Halt mindestens zweistündlich
- Halt einzelner Züge
- Halte auf den NE-Strecken
- Anschlussverkehr
- Regionale Strecken
- S-Bahn Strecken (nicht alle Halte darg
- NE-Strecken (nicht bundeseigene Stre bzw. Bedienung durch Dritte)
- Grenze Kreise/Kreisfreie Städte
- Landes-/Regionalbereichsgrenze

GPS-Koordinaten

GPS: Wir haben die klassische Angabe mit Grad, Minuten und Sekunden verwendet. Falls Sie ein Gerät mit dezimaler Darstellung besitzen, bleibt etwas Rechenarbeit nicht erspart. Die Weidenmühle in Scherneck (Buch Nord) beispielsweise hat die Koordinaten 50°11'56" N / 10°57'28" E. Dezimal heißt das: 50°11,93" N / 10°57,47" E. Es sieht komplizierter aus, als es ist. Denn lediglich die Sekunden werden von 60 auf 100 hochgerechnet, Grad und Minuten bleiben gleich. Hier eine kleine Tabelle als Anhaltspunkt. Nehmen Sie einfach die nächstliegenden Zahlen und Sie sind so gut wie dort.

Sekunden im Buch	Nachkommastellen dezimal
10"	0,17
20"	0,33
30"	0,50
40"	0,67
50"	0,83

Als große Neuerung arbeiten wir in der Reihe „Frankens schönste Bierkeller und Biergärten" diesmal auch mit den Institutionen des öffentlichen Nahverkehrs zusammen. Für jede besprochene Lokalität finden sich die nächstgelegenen Haltestellen der Deutschen Bahn DB, des Omnibus Verkehr Franken OVF und der Stadtwerke Bamberg STWB, soweit jeweils verfügbar. Steht ein kleines Männchen neben der Haltestellennummer bzw. dem Haltestellennamen, befindet sich der Bierkeller in bequemer Laufreichweite, ein Fahrrad symolisiert eine Distanz von mehr als fünf Kilometern zum Ziel, perfekt für den Fahrradtouristen, aber zu Fuß nur etwas für ambitioniertere Wandergesellen.

= Autobahn = Landstraße = Straße = Bahnstrecke

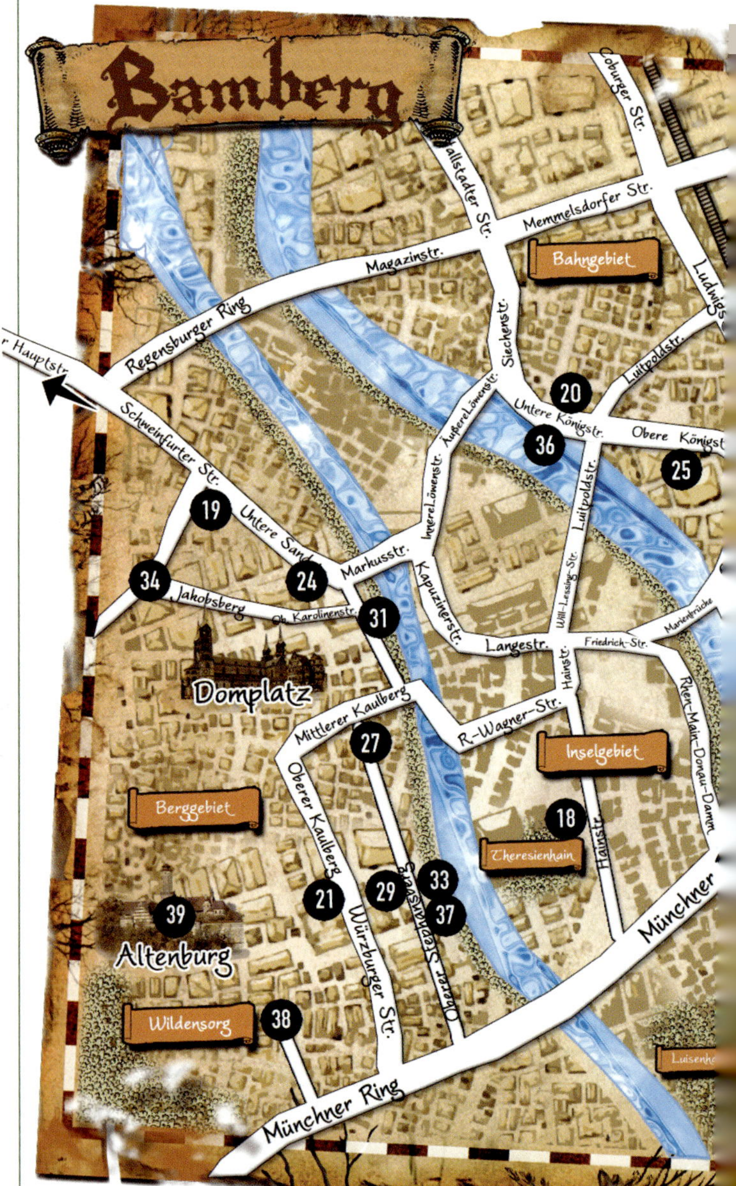

= Bahnhof = Bierkeller auf Seite im Kreis

BAMBERG

Was soll man als Einleitung zu einer Stadt schreiben, in der schon seit über 900 Jahren Bier gebraut und heutzutage noch am meisten pro Kopf getrunken wird (und das im weltweiten Vergleich)? Angefangen hat alles mit den Klöstern – der Klerus wusste schließlich schon immer am besten, was gut ist. Ansonsten war Bamberg nämlich eher noch eine Weinstadt. Im Kloster Michaelsberg entstand die erste Brauerei, gefolgt von den Karmelitern, Dominikanern, Kapuzinern und Franziskanern. Später errichteten die Fürstbischöfe eigene Brauhäuser. Während der Säkularisation wurden die Klosterbrauereien geschlossen und die Brauhäuser verkauft. Zusätzlich führte der Bayerische Staat den „Mälzaufschlag", eine Abgabe an die Staatskasse, ein – immerhin fünf Gulden pro Scheffel Malz.
Zu dieser Zeit – um 1830 – zahlten die 63 Brauereien um die 90.000 Gulden nach München – und nochmals ca. 20.000 an die Stadt. Von dieser Biervielfalt sind immerhin zehn Brauereien geblieben, davon sind neun im vorliegenden Buch zu finden. Erfreulicherweise eröffnet nämlich die Brauerei Heller („Schlenkerla") 2007 ihren Hofgarten in der Dominikanerstraße und hat damit endlich ihren eigenen (Rauch-)Biergarten. Die zehnte ist die Gasthaus-Brauerei Ambräusianum, deren kleine Bank am Eingang als kleinster Bierkeller der Welt durchgehen würde. Deren drei Biere gibt es nur direkt vom Zapfhahn im Haus links neben dem eben erwähnten Schlenkerla.

GPS: 49°53'59" N / 10°54'27" E

Café Abseits

Bamberger Bierkonzentrat

Hinter Bambergs ältestem Studentencafé hat sich einiges getan – aus ein paar Tischchen ist ein anständiger Biergarten geworden, was auch den Sprung ins vorliegende Buch begründet. Ums Bier bemüht hat man sich hier schon immer – über 40 verschiedene Sorten (im monatlichen Wechsel) bietet das Traditionscafé mit 68er-Touch. Genießen kann man das Biergarten-Feeling hier auch am Morgen – das Abseits ist stadtbekannt für seine Frühstücksvariationen. Am 1. Mai ist Bockbieranstich mit dem Mönchsambacher Maibock.

BIER:
Zehendner: Lager (vom Fass).
Keesmann: Pils (vom Fass).
Erdinger: Weißbier (vom Fass), Alkoholfreies Weizen.
Grasser/Huppendorf: Vollbier (vom Fass). Monatlich Fassbier von wechselnder Brauerei aus der Region.

KÜCHE:
Große Karte mit warmen Gerichten. Spezialitäten: Pizza, Tex-Mex-Gerichte, Frühstück.

GETRÄNKEPREIS:

PLÄTZE (FREI/REGENSICHER):
110/70

GUIDE-TIPP:
Katerfrühstück, falls man abends zu lange sitzen gebieben ist.

DB Bamberg
STWB Neuerbstraße (2,11,A)

CAFÉ ABSEITS
Pödeldorfer Straße 39
96052 Bamberg
Tel.: 0951-303422
eMail: service@abseits-bamberg.de
www.abseits-bamberg.de

ÖFFNUNGSZEITEN
Täglich ab 9 Uhr
Kein Ruhetag

Bamberg (ver-)zaubert

Wenn in Hogwards die Sommerferien beginnen, treffen sich die Zauberer am dritten Juli-Wochenende in Bamberg. Bei einem der grössten Zaubererfestivals überhaupt strömen über 100000 Besucher in das Weltkulturerbe Bamberg.

Seit mittlerweile acht Jahren verwandeln Zauberer, Jongleure und Streetperformer aus der ganzen Welt die Domstadt am dritten Wochenende im Juli in eine große Bühne. An jedem Platz in der Innenstadt werden Tiere weg- und Jungfrauen hergezaubert, Menschenpyramiden stapeln sich, halbleere Bierflaschen werden zu Instrumenten und die Besucher kommen aus dem Staunen nicht heraus.

2005 zum Beispiel standen Namen wie John Gleur, Nily Nils, Mindspinners, Rasta Mombasa und Akira Tsuruoka für ein buntes Treiben von der Feuer- bis zur Clown-Show aus aller Herren Länder. Die Franken werden durch den Besuch aus Kenia, Japan & Co. manchmal ganz schön durcheinandergewirbelt, was ihnen aber auch sichtbar gut tut.

Lassen Sie sich das Spektakel nicht entgehen, wenn es wieder heißt: „Bamberg zaubert" – und das bei freiem Eintritt. Info über das Stadtmarketing Bamberg (www.mybamberg.de) oder die Website www.bamberg-zaubert.de.

WWW.BAMBERG-ZAUBERT.DE

GPS: 49°53'04" N/ 10°53'40" E

BOOTSHAUS IM HAIN

ALLES FLIESST

Besser kann ein Biergarten eigentlic nicht liegen: Am Wasser, in einem Waldgebiet und dazu noch in fünf Minuten vom Stadtzentrum zu erreiche Ideal auch zum Spazierengehen und Einkehren in beliebiger Reihenfolge. N benan befindet sich übrigens mit dem Hainbad ein weiteres Naherholungs-Highlight in Bamberg. Unter neuer Ägide soll alles (noch) besser werden, vor allem auch mit einem großen Brate angebot am Sonntagmittag.

BIER:
Kundmüller: Lager, Pils, Weizen (alle vom Fass). Schlenkerla: Rauchbier. Kulmbacher: Kapuziner Weiße. Erdinger: Alkoholfreies. Clausthaler: Alkoholfreies.

KÜCHE:
Fränkische Brotzeiten.
Täglich mittlere Karte mit warmen Gerichten. Sonntag Mittagstisch. Spezialitäten: Salatvariationen, fränkische Braten (Sonntag).

GETRÄNKEPREIS:

PLÄTZE (FREI/REGENSICHER):
280/50

GUIDE-TIPP:
Gondel fahren (mit Termin)

DB Bamberg
STVB Wilhelm Löhe Heim/ Sodenstraße (9)

BOOTSHAUS
Mühlwörth 18a
96047 Bamberg
Tel.: 0951-24485
Fax: 0951-29746937
eMail: bootshaus.hain@t-online.de
www.bootshaus-im-hain.de

ÖFFNUNGSZEITEN
Täglich ab 11 Uhr geöffnet

GPS: 49°53'51" N / 10°52'31" E

Englischer Garten Zum Bockser

Für viele Ur-Bamberger der älteren Generation die ideale Alternative zum (Aus-)Ruhestand, aber auch für Familien und Liebhaber der ruhigen Atmosphäre ein wunderschöner Ort mit guter Hausmannskost und ausgesprochen netten Wirtsleuten. Probiert haben sollte man im „Bockser", wie der Garten von den Einheimischen genannt wird, auf jeden Fall mal ein Schnitzel, die werden nämlich noch ohne Fritteuse in der Pfanne gebraten.

DEN LEBENSABEND GENIESSEN

ENGLISCHER GARTEN ZUM BOCKSER

Schweinfurter Straße 1
96049 Bamberg
Tel.: 0951-61470

ÖFFNUNGSZEITEN

Täglich 11 bis 14 Uhr
und ab 16 Uhr
Dienstag Ruhetag

BIER:

Maisel/Bamberg: Pils (vom Fass), Keller, St. Michaelsberg, Bamberger Leichtes, Bamberger Weiße. Maisel/Bayreuth: Hefeweißbier. Schlenkerla/Bamberg: Rauchbier.

KÜCHE:

Hausmacher Brotzeiten. Täglich kleine Karte mit warmen Gerichten. Sonntag Mittagstisch. Saisonale Gerichte, Pfannenschnitzel mit Bratkartoffeln, Tellersülze mit Bratkartoffeln (Fr).

GETRÄNKEPREIS:

PLÄTZE (FREI/REGENSICHER):

180/80

GUIDE-TIPP:

Tellersülze mit Bratkartoffeln (freitags)

DB Bamberg

STWB Sandstraße/ Schweinfurter Straße (16)

BRAUEREI FÄSSLA

DER RICHTIGE ORT ZU JEDER ZEIT

Im Fässla ist eigentlich immer was los – egal zu welcher Uhrzeit man dort einkehrt. Der kleine Garten ist ein angenehmer Gegensatz zur oft sehr verrauchten Stube, meistens kommt zu einem Bier das zweite und dritte und ... Der Spagat zwischen uriger Bierdimpfelecke und Schluckstube für Jedermann ist durchaus gelungen und immer einen Besuch wert.

BIER:
Eigene Brauerei: Lager, Gold-Pils (beide vom Fass), Zwergla, Bambergator, Weizla hell, Weizla dunkel.

KÜCHE:
Fränkische Brotzeiten.
Täglich große Karte mit warmen Gerichten. Spezialitäten: Schäuferla mit Kloß und Bamberger Wirsing, Fässla Hausplatte.

GETRÄNKEPREIS:

PLÄTZE (FREI/REGENSICHER):
50/156

GUIDE-TIPP:
Fränkische Brotzeiten

DB Bamberg
STVB Deutsches Haus (4,6,15,16,D)

BRAUEREI FÄSSLA
Obere Königstraße 19-21
96052 Bamberg
Tel.: 0951-22998
eMail: info@faessla.de
www.faessla.de

ÖFFNUNGSZEITEN
Mo bis Sa ab 8.30 Uhr
So 8.30 bis 13 Uhr
Kein Ruhetag

GPS: 49°53′01″ N / 10°52′55″ E

Brauerei Greifenklau

Im Greifenklau lässt sich vor allem sehr leckeres Bier aus eigener Brauerei genießen. Das Besondere dabei: Man hat einen einmaligen Ausblick auf die Altenburg und den grünen Teil Bambergs. Wegen der Lage am Kaulberg ist der Greifenklau auch eher ein „Einheimischen"-Garten – Touristen verirren sich eher selten (dann aber gezielt!) hierhin. Unübertroffen der Bockbieranstich, bei dem manchmal mehr Besucher anzutreffen sind als bei der Laurenzikerwa am selben Ort.

Einmaliger Blick und einmalige Atmosphäre

BIER:
Eigene Brauerei: Lager, Weizen (beide vom Fass).

KÜCHE:
Fränkische Brotzeiten.
Täglich große Karte mit warmen Gerichten. Spezialitäten: Blaue Zipfel, eingeschnittener Käse, Schäuferla mit Kloß und Sauerkraut, Schweinebraten mit Kloß und Wirsing.

GETRÄNKEPREIS:

PLÄTZE (FREI/REGENSICHER):
500/230

GUIDE-TIPP:
Innereien

BRAUEREI GREIFENKLAU
Laurenziplatz 20
96049 Bamberg
Tel.: 0951-53219
eMail: brauerei@greifenklau.de
www.greifenklau.de

ÖFFNUNGSZEITEN
Di bis Sa ab 9 Uhr
So 9.30 bis 14 Uhr
Montag Ruhetag

DB Bamberg
STWB Laurenziplatz (12,18,C)

SANDKERWA – BAMBERG IM

Über 55 mal haben die Bamberger sie schon begangen, die Kirchweih der St.-Elisabeth-Kirche im Sandgebiet. Aus einer eher kleinen Kirchweih, im Jahre 1951 nach den Kriegswirren wiederbelebt, ist nun das größte Volksfest Oberfrankens mit weit über 100000 Besuchern geworden.

Touristen und Bamberger geben sich die Bierkrüge in die Hand – gerade für alle ehemaligen Bamberger bietet sich gegen Ende August eine gute Gelegenheit für ein Wiedersehen mit alten Bekannten und Verwandten. Die terminliche Festlegung hat übrigens schon viele Konfusionen hervorgerufen. An dieser Stelle mal eine Erklärung: Der 24. August (St. Bartholomäus) soll mit in die Kirchweih eingebunden werden. Diese aber währt immer von Donnerstag bis Montag. Fällt der 24. also auf einen Dienstag oder Mittwoch, ergibt sich ein Problem. Doch die kreativen Bamberger nehmen die Sperrstunde einfach mit ins Boot, weswegen ein Bartholomäus-Dienstag zumindest eine Stunde in den letzten Sandkerwatag (Montag) integriert werden kann (dann ist vom 19. bis 23.8. Kerwa). Sollte der Tag auf einen Mittwoch fallen, muss die Sandkerwa danach beginnen (vom 25. bis 29.8.).

Ausnahmezustand

Ist der Termin also einmal klar, entwickelt sich in Bamberg ein Ausnahmezustand ohne Gleichen. Am Donnerstag eher noch ein Fest für die Bürger, bildet sich Freitag bis Sonntag ein Multi-Kulti-Bierfeldzug durch die Altstadt (mittlerweile ist sogar die Lange Straße teilintegriert worden). Jeder auch nur halbwegs verwendbare Freiraum um und hinter den Häusern wird für Stände und Bars genutzt und eine bunte Vielfalt an Kulinarischem feilgeboten. Zumindest für diese Tage ist jeder Sandbürger auch ein Wirt. Die Highlights sind das traditionelle Fischerstechen am Sonntag und das Hochfeuerwerk am Montag. Dann klingt die Feierlichkeit wieder eher gemütlich mit den Einheimischen aus, ein Kerwa-Kehraus folgt dem anderen. Wenn Sie also nicht das Glück haben, sowieso in der Domstadt zu leben, sollten Sie nach oben beschriebenem Modus immer fünf Tage im August für einen Besuch einplanen.

GPS: 49°53'37" N / 10°52'53" E

Griesgarten

URIGER BIERGARTEN IM UMBRUCH

Der Griesgarten hat turbulente Zeiten hinter sich – vom Traditionsgarten des Sandgebietes bis zum Sammelbecken der Übriggebliebenen. Seit 2005 jedoch schafft der neue Wirt den Wandel zu einer guten Adresse für Speis und Trank auf fränkisch. Unverändert ist sowieso der Charakter als ruhige Oase inmitten der Stadt, so ist der Griesgarten vielleicht der letzte wirkliche Geheimtipp mitten im Weltkulturerbe.

BIER:
Krug/Ebelsbach: Pils, Altfränkisches (beide vom Fass).

KÜCHE:
Fränkische Brotzeiten. Täglich mittelgroße Karte mit warmen Gerichten. Spezialitäten: Sauerbraten, Bierhaxe.

GETRÄNKEPREIS:

PLÄTZE (FREI/REGENSICHER):
150/100

GUIDE-TIPP:
Ochsenbrust

DB Bamberg

StVB Stadtarchiv (16) / Elisabethenstraße (10)

GRIESGARTEN
Untere Sandstraße 19
96049 Bamberg
Tel.: 0951-2996888

ÖFFNUNGSZEITEN
Di bis Do ab 15 Uhr
Fr, Sa, So & Feiertage ab 11 Uhr
Montag Ruhetag

GPS: 49°53'48" N / 10°53'44" E

Maisel Weissbierhaus

Romantik im Hinterhof

Das Stammhaus der Maisel-Brauerei verfügt über einen kleinen, aber sehr romantischen Biergarten, wo im Sommer richtig verträumte Stunden winken. Etwas weniger verliebt wird es am Donnerstag, wenn zum Spareribs „all-you-can-eat" geblasen wird. Aber auch danach fühlen Sie sich bei den Inhaberinnen Barbara Rottenfußer und Marietta Seeger sicher immer wohl – führen Sie ihr Weißbierhaus doch schon seit über 50 Jahren.

BIER:
Maisel/Bamberg: Weißbier, Pils, Dunkles (alle vom Fass), Bockbier (saisonal).

KÜCHE:
Hausmacher Brotzeiten. Täglich mittelgroße Karte mit warmen Gerichten. Spezialitäten: Steaks, Schäuferla, hausgemachte Sülze mit Bratkartoffeln.

GETRÄNKEPREIS:

PLÄTZE (FREI/REGENSICHER):
70/100

GUIDE-TIPP:
Spareribs (Donnerstags)

MAISEL WEISSBIERHAUS
Obere Königstraße 38
96052 Bamberg
Tel.: 0951-25503

ÖFFNUNGSZEITEN
Mo & Di ab 16.30 Uhr
Mi bis Sa & Feiertage 11 bis 14 Uhr und ab 16.30 Uhr
So 11 bis 14 Uhr
Kein Ruhetag

DB Bamberg
STWB Luitpoldstraße (1,2,7,11,14,17,27,51,A)

GPS: 49°53'26" N / 10°54'21" E

Brauerei Keesmann

Ein weiterer Klassiker unter den Bamberger Brauereigaststätten mit einem relativ großen Brauereihof, in dem im Sommer ein reger Gartenbetrieb stattfindet. Man versucht durchaus erfolgreich, der üblichen fränkischen Speisekarte einen etwas internationalen Touch zu geben (u.a. mit saisonalen Spezialitäten wie Spargel, Wild, Fisch & Co.), wobei die meisten Besucher eher regelmäßig ihren Biertempel frequentieren. Für viele gibt's hier das beste Pils in Bamberg.

GUTES ESSEN IM BRAUEREIHOF

BIER:
Eigene Brauerei: Herren-Pils, Helles, Sternla Lager, Hefeweizen (alle vom Fass), Josephi-Bock (Fastenzeit), Bock (saisonal).

KÜCHE:
Fränkische Brotzeiten. Täglich große Karte mit warmen Gerichten. Spezialitäten: regionale Gerichte, Knöchla mit Erbsenpüree und Sauerkraut, saure Nieren mit Bratkartoffeln.

GETRÄNKEPREIS:

PLÄTZE (FREI/REGENSICHER):
120/110

GUIDE-TIPP:
Brauereisteak

DB Bamberg
STWB Wunderburg (5,B)

BRAUEREI KEESMANN
Wunderburg 5
96050 Bamberg
Tel.: 0951-9819810
eMail: keesmann-braeu@t-online.de

ÖFFNUNGSZEITEN
Mo bis Sa ab 9 Uhr
Sonntag Ruhetag

GPS: 49°53'22" N / 10°53'12" E

KLOSTERBRÄU

WO ES EINFACH GUT IST

In Bambergs ältester Brauerei ist man dabei, die Einheimischen wieder zurückzugewinnen. Die Touristenoffensive war zwar erfolgreich, aber das Klosterbräu lebt nunmal von den Urgesteinen, die im Sommer auch die Bierbänke vor der Wirtschaft oder im Hof bevölkern. Wer nicht auf Keesmann, Mahr und Kaiserdom steht, wird das Pils hier lieben. Sehenswert ist die gesamte Lokalität, in der die lange Tradition des Hauses mit vielen Bildern und Urkunden dokumentiert ist.

BIER:
Eigene Brauerei: Pils, Braunbier, Schwärzla (alle vom Fass), Weizen, Bock (saisonal).

KÜCHE:
Fränkische Brotzeiten. Täglich große Karte mit warmen Gerichten. Spezialitäten: Fränkische Gerichte, Bierhaxe mit Sauerkraut und Kloß, Innereien.

GETRÄNKEPREIS:

PLÄTZE (FREI/REGENSICHER):
120

GUIDE-TIPP:
Braunbierfest im August

KLOSTERBRÄU
Obere Mühlbrücke 3
96049 Bamberg
Tel.: 0951-52265
eMail: mail@klosterbraeu.de
www.klosterbraeu.de

ÖFFNUNGSZEITEN
Mo bis Fr ab 10.30 Uhr
Sa, So & Feiertage ab 10 Uhr
Kein Ruhetag

DB Bamberg
STWB Schranne (12,18,C)

GPS: 49°53'24" N / 10°54'24" E

MAHR'S BRÄU BIERGARTEN

„A U" – „I A A U"

BIER:
Eigene Brauerei: Helles, Ungespundetes, Weizen (alle vom Fass), Festtagsweiße. Löwenbräu/München: Alkoholfrei.

KÜCHE:
Fränkische Brotzeiten. Täglich mittlere Karte mit warmen Gerichten. Spezialitäten: Bierhaxe, Schäuferla, Braten.

GETRÄNKEPREIS:

PLÄTZE (FREI/REGENSICHER):
250/150

GUIDE-TIPP:
Hausbrände

DB Bamberg
StWB Wunderburg (5,B)

Diese kryptischen Worte stehen für die Bestellung des typischen Mahr's Bieres, des ungespundeten Kellerbiers, kurz „U", gefolgt vom Nachbar der eben auch ein solches möchte. Mitten im Stadtteil Wunderburg sitzt man in dem malerischen Biergarten und läs den lieben Gott einen guten Mann sein. Hervorragend auch das Essen und die Hausbrände. Wer dann noch länger in der Domstadt verweilen will, kann hier für Mahr´s geschmackvoll eingerichte Ferienwohnungen buchen.

MAHR'S BRÄU BIERGARTEN
Wunderburg 10
96050 Bamberg
Tel.: 0951-9151719
eMail: info@mahrs.de
www.mahrs-braeu.de

ÖFFNUNGSZEITEN
Täglich ab 9 Uhr
Kein Ruhetag

GPS: 49°53'08" N / 10°53'11" E

Mahr's Bräu Keller

Biergarten-Pizza vom Sternekoch

Der in seinem Metier mit vielen Sternen dekorierte Koch und Inhaber Burkhard Michel hat sich mittlerweile auch über Deutschlands Grenzen hinaus einen Namen gemacht. Immer in Verbindung mit Bamberger Gerstensaft kreiert er Faszinierendes á la Biersuppe und Rauchbiersoße. Das so genannte„Bierkulinarium" (ein Fünf-Gänge-Menü mit Bierspeisen und Bierprobe) ist auf Anfrage jederzeit buchbar.

BIER:
Eigene Brauerei: Pils, Ungespundetes (beide vom Fass), Weizen, Leichtbier. Kritzenthaler: Alkoholfreies.

KÜCHE:
Fränkische Brotzeiten. Täglich mittelgroße Karte mit warmen Gerichten. Spezialitäten: Gebratene Leberwurst, Bamberger Bierhaxe, fränkische Bratwurstpizza aus dem Holzofen.

GETRÄNKEPREIS:

PLÄTZE (FREI/REGENSICHER):
250/180

GUIDE-TIPP:
Fränkische Bratwurstpizza aus dem Holzofen

DB Bamberg
STWB Schranne (12,18,C) / Oberer Stephansberg (28)

MAHR'S BRÄU KELLER
Oberer Stephansberg 36
96049 Bamberg
Tel.: 0951-53486
eMail: b.michel@mahrsbraeu-keller.de
www.mahrsbraeu-keller.de

ÖFFNUNGSZEITEN
Di bis Sa ab 16 Uhr
So und Feiertage ab 11.30 Uhr
Montag Ruhetag

GPS: 49°53'35" N / 10°54'43" E

Maisel Keller

ÜBERRASCHUNG AM STADTRAND

Durch viel Engagement und Dekoration merkt man spätestens nach dem ersten Kellerbier nicht mehr, dass dieser Biergarten nicht auf einem der sieben Bamberger Hügel liegt. Stattdessen kann man die Backsteinbauten der Maisel-Brauerei und das dortige Treiben beobachten, während das süffige Nass wieder und wieder in den Krug gefüllt wird. Ganz besonders reizvoll und lustig wird es, wenn zum Räuberessen geladen wird. Dann gibt es kein Halten mehr für Jungfrau, Knappe, Herrin und Knecht, die dann nach profunder Anweisung eine Zeitreise um etwa 800 Jahre erleben – vorher buchen nicht vergessen!

BIER:
Eigene Brauerei: Pils, Hefe, Keller (alle vom Fass), Alkoholfreies.

KÜCHE:
Fränkische Brotzeiten. Täglich große Karte mit warmen Gerichten. Spezialitäten: Steaks, Schweinebraten, frisch gegrillte Makrelen (Fr).

GETRÄNKEPREIS:

PLÄTZE (FREI/REGENSICHER):
200/150

GUIDE-TIPP:
Räuberessen (ab 15 Personen auf Vorbestellung)

DB Bamberg
STWB Moosstraße (11,B)

MAISEL KELLER
Moosstraße 32
96050 Bamberg
Tel.: 0951-14975

ÖFFNUNGSZEITEN
Täglich ab 11 Uhr
Kein Ruhetag

GPS: 49°53'31" N / 10°53'07" E

DOMINIKANERHOF

DER RAUCHBIER-GARTEN

Was haben wir darauf gewartet – nun endlich hat sich Familie Trum durchgerungen, und das bekannte Schlenkerla hat seinen eigenen Biergarten. Für Bamberg-Kenner kein wirkliches Novum – war doch der Dominikanerhof schon zur Sandkerwa und zu den Bockbieranstichen geöffnet. Nun kann man über den gesamten Sommer die Bierspezialität (und nicht minder gute kulinarische Köstlichkeiten rund um die Bamberger Zwiebel) auf dem ehemaligen Bamberger Marktplatz genießen. Die Redaktion wünscht diesem neuen Stern am Bierkellerhimmel alles Gute!

BIER:
Eigene Brauerei, vom Holzfass: Aecht Schlenkerla Rauchbier, Rauchweizen .

KÜCHE:
Fränkische Brotzeiten. Täglich mittelgroße Karte mit warmen Gerichten. Spezialitäten: Schlenkerla-Käse, Bierbrauervesper, Bamberger Zwiebel.

GETRÄNKEPREIS:

PLÄTZE (FREI/REGENSICHER):
50/200

GUIDE-TIPP:
Bierbrauervesper, Rauchbierschnaps

DOMINIKANERHOF
Brauerei Schlenkerla
Dominikanerstraße 6
96049 Bamberg
Telefon: 0951-56060
Telefax: 0951- 54019
www.schlenkerla.de

ÖFFNUNGSZEITEN
Mi bis Mo ab 9.30 Uhr
Dienstag Ruhetag

DB Bamberg

STWB Geyerswörthplatz (10)

GPS: 49°55'41" N / 10°56'59" E

Restaurant-Café Schloss Seehof

Der Feinkost-Biergarten

Auch wenn Schloss Seehof zu Mem melsdorf gehört, ist es für die Ban berger gefühltes Stadtgebiet, besonde wenn sie nach dem Platz für die Hochzeitsfeier suchen. Der Biergarten liegt nicht im eigentlichen Schloss, sondern zwischen ihm und den Nebengebäude mit der Orangerie. Dort bewahrten die Fürstbischöfe seit Friedrich Karl von Schönborn edle Gewächse und kostbares Obst wie Ananas und Feigen auf Ganz profan die Nutzung heute – es si sich trotzdem fürstlich und ist es allein deshalb wert, hier aufgenommen zu werden. Die Zugehörigkeit zum Bamb ger „Delikatess-Müller" verspricht zude hohe Qualität der Speisen. Bier ist in Franken sowieso Delikatesse, desweg kann man da nichts falsch machen.

BIER:
Keesmann/Bamberg: Pils (vom Fass). Spezial/Bamberg: Rauchbier. Erdinger: Weißbier. Beck´s: Alkoholfreies.

KÜCHE:
Salatvariationen. Täglich mittelgroße Karte mit warmen Gerichten. Spezialitäten: Rinderroulade, Sauerbraten, Salat mit Putenbruststreifen.

GETRÄNKEPREIS:

PLÄTZE (FREI/REGENSICHER):
200/90

GUIDE-TIPP:
Frühstück im Biergarten

DB Bamberg
STVB Schloss Seehof (7,17,27)

RESTAURANT-CAFÉ SCHLOSS SEEHOF
Schloss Seehof 14
96117 Memmelsdorf
Tel.: 0951-4071640
www.schlossseehof.de

ÖFFNUNGSZEITEN
Mo bis Sa 10 bis 18 Uhr
So & Feiertage 9 bis 19 Uhr
von 1. Apr bis 31. Okt kein Ruhetag
von 1. Nov. bis 31. März Dienstag un Mittwoch Ruhetag

GPS: 49°53'05" N / 10°53'15" E

SPEZIALKELLER BAMBERG

Der Keller bietet nicht nur die schönste Aussicht auf das Weltkulturerbe Bamberg, er ist auch für viele Bamberger das Ziel der gedanklichen (manchmal auch der realen) Flucht vom Arbeitsplatz – ein Ort der gemütlichen Alkoholisierung. Vor allem das jüngere Publikum schätzt den Keller, wobei gerade viele Einheimische auch mit ihm alt werden. Übrigens: der gemeisterte Aufstieg rechtfertigt bereits die erste Halbe Bier.

SPEZIALKELLER

Sternwartstraße
96049 Bamberg
Tel.: 0951-54887

ÖFFNUNGSZEITEN

Di bis Sa ab 15 Uhr
So & Feiertage ab 10 Uhr
Montag Ruhetag

DIE GUTE AUSSICHT

BIER:
Eigene Brauerei: Rauchbier, Ungespundetes (beide vom Fass), Hefeweißbier. Jever: Alkoholfreies.

KÜCHE:
Fränkische Brotzeiten. Täglich mittelgroße Karte mit warmen Gerichten. Spezialitäten: Grobe Bratwürste mit Sauerkraut oder Brot, Haxen, Schäuferla, Knöchla, Ziebeleskäse, Brotzeitteller.

GETRÄNKEPREIS:

PLÄTZE (FREI/REGENSICHER):
700/80

GUIDE-TIPP:
Bratwürste und dazu die legendäre Rauchbier-Radler-Maß

DB Bamberg
STWB Schranne (12,18,C) / Oberer Stephansberg (28)

GPS: 49°53'28" N / 10°52'30" E

ZUM EINHORNSKELLER

DER FELS IN DER BRANDUNG

Auf dem Jakobsberg hat sich einer d ältesten Felsenkeller der Stadt der ehemaligen Brauerei Einhorn in der San straße (Gründung im 14. Jahrhundert) erhalten. In den 70ern des letzten Jahrhunderts von der Brauerei (inzwischen Brauerei Doppel) aufgegeben, entstanc an diesem altbierwürdigen Ort eine Kne pe mit Billardtischen und einigen urige Außenplätzen auf dem historischen Bie lager. Das Publikum – damals im Trend der Zeit, heute etwas hinterher, folgt seit fünf Jahren dem Kommando von Sabine Kuhnert. Sie fing als Studentin als Aushilfe an – es kam, wie es komme musste – als der Besitzer das Einhorn aufgab, übernahm sie kurzerhand den Einhornskeller und die Gäste.

BIER:
Paulaner/München: Helles (vom Fass), Pils, Märzen, Dunkles Hefe. Mahr/Bamberg: U. Spezial/Bamberg: Rauchbier. Clausthaler: Alkoholfreies.

KÜCHE:
Hier gibt es nur Getränke.
Essen bitte selbst mitbringen.

GETRÄNKEPREIS:

PLÄTZE (FREI/REGENSICHER):
50/35

GUIDE-TIPP:
Das Flair ist einfach den Besuch wert!

DB Bamberg
STVB Storchsgasse/ Jakobsplatz (10, ALT)

ZUM EINHORNSKELLER
Jakobsberg 8
96049 Bamberg
Tel.: 0951-5191727

ÖFFNUNGSZEITEN
Täglich ab 19 Uhr
Kein Ruhetag

FRÄNKISCHES BRAUEREIMUSEUM

IN DIESEM BUCH DARF NATÜRLICH DIE HEIMSTATT FAST ALLER HIER VERTRETENEN BRAUEREIEN NICHT FEHLEN: DAS FRÄNKISCHE BRAUEREIMUSEUM. HIERBEI HANDELT ES SICH NÄMLICH NICHT UM EIN MUSEUM IM KLASSISCHEN SINNE, SONDERN PRIMÄR UM EINEN MUSEUMSBETREIBENDEN VEREIN, IN DEM SICH ALLE BIERINTERESSIERTEN DER REGION UND DARÜBER HINAUS ZUSAMMENGEFUNDEN HABEN.

Showroom ist die ehemalige Brauerei am Bamberger Michaelsberg (letzter Besitzer war die Familie des heutigen Hofbräu-Kochs Hans Peßler), in der auf knapp 1000 Quadratmetern weit mehr als 1300 Exponate zur Biergeschichte ausgestellt werden. Als Liebhaberverein noch vor einem Vierteljahrhundert belächelt, erlebt man heute ein professionelles Museum, in dem die Liebe der Betreiber zum Detail trotzdem nicht zu kurz kommt.

Öffnungszeiten: April-Oktober, Mi-So, 13-17 Uhr

Michelsberg 10f • 96049 Bamberg
Telefon (0951) 53016

WWW.BRAUEREIMUSEUM.DE

GPS: 49°53'48"N / 10°53'33" E

Brauerei Spezial

RAUCHBIER MIT CHARME

BIER:
Eigene Brauerei: Lager, Märzen, Ungespundetes, Weißbier (vom Fass).

KÜCHE:
Hausmacher Brotzeiten. Mittags- und Abendtisch warm. Spezialitäten: Knöchla, fränkische Braten.

GETRÄNKEPREIS:

PLÄTZE (FREI/REGENSICHER):
30/145

GUIDE-TIPP:
Rauchbier

DB Bamberg
STWB Deutsches Haus (4,6,15,16,D)

Die älteste Rauchbierbrauerei Bambergs hat im Hof einen kleinen, aber sehr empfehlenswerten Biergarten angelegt. So kann man der sonst sehr geschäftigen Atmosphäre in der Königstraße auf ein paar Seidla entfliehen und den Brauern bei ihrer Arbeit zusehen. Übrigens ist man hier auch sehr umweltbewusst und setzt großteils auf Sonnen-, Wind- und Wasserkraft bei der Biererzeugung.

BRAUEREI SPEZIAL
Obere Königstraße 10
96052 Bamberg
Tel.: 0951-24304
eMail: brauerei-spezial@t-online.de
www.brauerei-spezial.de

ÖFFNUNGSZEITEN
Täglich ab 9 Uhr
Sa 9 bis 14 Uhr

GPS: 49°53'03" N / 10°53'12" E

WILDE-ROSE-KELLER

DAS WOHNZIMMER BAMBERGS

Der absolute Klassiker in Bamberg. Eher ein Familienkeller für Einheimische, weil groß und ruhig und ohne Aussicht, dafür so etwas wie das Wohnzimmer für die meisten Domstädter. An der Essensausgabe ist man fränkisch-ruppig, was aber irgendwie schon Kultcharakter hat. Das Bier wird nach einem alten Hausrezept extra für den Bierkeller gebraut.

WILDE-ROSE-KELLER
Oberer Stephansberg 49
96049 Bamberg
Tel.: 0951-57691
eMail: info@wilde-rose-keller.de
www.wilde-rose-keller.de

ÖFFNUNGSZEITEN
Mo bis Fr ab 16 Uhr
Sa, So und Feiertage ab 15 Uhr
Kein Ruhetag
Bei schlechtem Wetter geschlossen

BIER:
Eigene Brauerei: Keller, Pils, helles Weißbier (alle vom Fass). Keesmann/Bamberg: Herren Pils (vom Fass). Schlenkerla/Bamberg: Rauchbier (vom Fass). Maisel/Bayreuth: dunkles Weißbier. Kritzenthaler: Alkoholfreies.

KÜCHE:
Fränkische Brotzeiten. Täglich kleine Karte mit warmen Gerichten. Spezialitäten: Emmentaler vom Rad, Knöchla (Mo, Mi, Fr), Rauchfleisch (Di), Leberkäse (Do).

GETRÄNKEPREIS:

PLÄTZE (FREI/REGENSICHER):
1300/200

GUIDE-TIPP:
Käse vom Rad

DB Bamberg

STWB Würzburger Straße (12,18,C)
Oberer Stephansberg (28)

GPS: 49°52'47" N / 10°51'34" E

Landgasthof Heerlein

Wild verträumt in der Stadt

Der etwas verschlafene Bamberger Ortsteil Wildensorg beherbergt ein kulinarisches Kleinod: den Landgasthof Heerlein. Mit eigener Landwirtschaft, Schweinezucht und Jagd stellt der Besitz von Seniorchef Gerhard Heerlein etwas absolut Besonderes dar. Es macht einfach Spaß, unter den alten Bäumen gemütlich zu sitzen und dem Treiben der zahlreichen Besucher, darunter auch viele Kinder, zuzuschauen. Geheimtipp übrigens die regelmäßigen Jazz-Open-Airs im Sommer.

BIER:
Sauer/Roßdorf am Forst: Lager (vom Fass). Maisel/Bamberg: Bamberger Weiße, Pils, Benediktiner Dunkel (alle vom Fass). Schlenkerla/Bamberg: Rauchbier. Becks, Kritzenthaler: Alkoholfreies.

KÜCHE:
Hausmacher Brotzeiten. Täglich große Karte mit warmen Gerichten. Spezialitäten: Frische Karpfen aus eigener Haltung, Wild aus dem Bamberger Land, hausgebackene Kuchen.

GETRÄNKEPREIS:

PLÄTZE (FREI/REGENSICHER):
200/150

GUIDE-TIPP:
Wildgerichte

DB Bamberg

STWB Wildensorg Mitte/ Eichelseeweg (10,ALT)

LANDGASTHOF HEERLEIN
Wildensorger Hauptstraße 57
96049 Bamberg
Tel.: 0951-53137
eMail: heerlein@heerlein.de
www.heerlein.de

ÖFFNUNGSZEITEN
Täglich ab 9 Uhr
Freitag Ruhetag

GPS: 49°52'50" N / 10°52'10" E

Restaurant Altenburg

Über dem Weltkulturerbe thront seit bald 1000 Jahren die Altenburg – mit einem grandiosen Ausblick über die gesamte Region und auf die Stadt. Einen Burgbären gibt es zwar nicht mehr, dafür aber ein feines Lokal mit einem separaten Biergarten, in dem sich die Gäste allerdings nur flüssige Nahrung holen können. Wer Hunger hat, kann sich ein paar Tische weiter in den Restaurantgarten setzen und wird bedient. Wenn Sie Glück haben, finden Sie den Turmwärter und damit den Schlüssel zum Bergfried ...

ON THE TOP

BIER:
Maisel/Bamberg: Pils, Hefe (beide vom Fass), Benediktiner Dunkel, Kellerbier, Kristallweizen.
Schlenkerla/Bamberg: Rauchbier.

KÜCHE:
Salate. Täglich mittelgroße Karte mit warmen Gerichten.
Spezialitäten: Lammrücken, Rinderfilet, Entenbrust. Essen gibt es nur im Restaurantgarten, nicht im Biergartenbereich!

GETRÄNKEPREIS:

PLÄTZE (FREI/REGENSICHER):
50/60

GUIDE-TIPP:
Schlenkerla Rauchbier mit Panoramablick

DB Bamberg
STWB Artur-Landgraf-Straße (28)

RESTAURANT ALTENBURG
Altenburg 1
96049 Bamberg
Tel.: 0951-56828
eMail: info@restaurant-altenburg.de
www.restaurant-altenburg.de

ÖFFNUNGSZEITEN
Täglich ab 11 Uhr
Montag Ruhetag
Sonntag abend ab 17 Uhr geschlossen

1007-2007 Bistumsjubiläum in Bamberg

Die Biermetrolpole Bamberg ist auch glecihzeitig eine Kirchenmetropole. Am 1. November 1007 erwirkte der spätere Kaiser Heinrich auf einer Reichssynode in Frankfurt die Gründung des Bistums.

Das Territorium bestand aus Gebieten der Bistümer Eichstätt und Würzburg, zudem erhielt Bamberg noch umfangreiche Schenkungen, damit das Lieblingskind des Kaisers von Beginn an auf soliden Beinen stand. Mit Bischof Suidger stellte das Bistum 1046 sogar den Papst (Clemens II.), der als einziger nördlich der Alpen im Bamberger Dom begraben ist. 1818 erfolgte die Erhebung zum Erzbistum mit den untergeordneten Suffraganbistümern Eichstätt, Würzburg und Speyer.

Für das Jubiläum haben sich die Bamberger ein ganzes Festjahr einfallen lassen. Vom 1. November 2006 bis zum 1. November 2007 starten zahlreiche Veranstaltungen. Zusätzlich gibt es einen Shop (u.a. mit Jubiläumsbier und -kaffee: www.shop.bistumsjubilaeum.de), eine Ausstellung (mit Teilen des berühmten Domschatzes) und eine Initiative. Unter dem Motto „Ausbildung - Arbeit - Zukunft" soll eine Million Euro für Jugendliche und Langzeitarbeitslose in der Region gesammelt werden (Spendenkonto 79 79 79, BLZ 750 903 00). In diesen Topf fließen auch Teile der Einnahmen der Merchandising-Artikel, von jedem Mahrs-Tragerl immerhin 1,50 Euro .

Auszug aus dem Veranstaltungskalender:

Region 1:

2.-6. Mai:
6. Pegnitzer Kirchenfestival

27.Oktober:
Bayreuther Museumsnacht

Region 2:

20./21. Juli:
50 Jahre Jugendhaus Am Knock, Teuschnitz

29. September:
Sternwallfahrt nach Bamberg

Region 3:

23./24. Juni:
Jugendwochenende des BDKJ

6.-8.Juli:
Bistumstage am Heinrichsfest

Region 4:

30. Juni/1.Juli:
Historisches Dorffest in Hausen

Region 5:

19. August:
Ökumenische Sebalduswallfahrt nach Nürnberg

22.September: Fest der Weltkirche

Region 6:

15. Juli: Ökumenisches Gumbertusfest, Ansbach

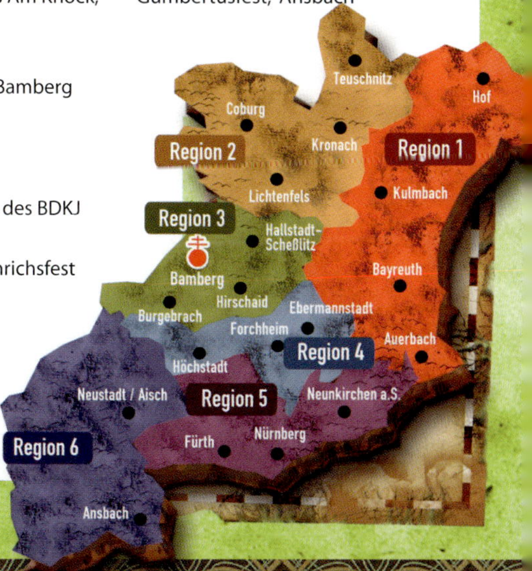

= Autobahn = Landstraße = Straße = Bahnstrecke

= Bahnhof = Bierkeller auf Seite im Kreis

Bamberg Nord-West

Den Bamberger Nordwesten dominiert klar die Domstadt, die als Tourismusmagnet (in 2005 verzeichnete man knapp 200000 Übernachtungsgäste und 350000 Übernachtungen alleine im Stadtgebiet) natürlich auch das Umland bereichert. So haben die meisten Landbrauereien mittlerweile auch Fremdenzimmer und englischsprachige Speisekarten (vereinzelt haben wir sogar spanische, chinesische und japanische Versuche gesehen).

Trotzdem liegen hier auch einige Schätze der Bier(keller)kultur, bei denen auch die Einheimischen selbst regelmäßig ihre Zelte aufschlagen, um ihr ganz persönliches Bierkellererlebnis zu haben. Bemerkenswert sind hier unter anderem die Brauerei Kundmüller (mit den besten Bieren in diesem Buch), Helmuts Hofschänke (das Gut Leimershof fährt ein ganz individuelles Konzept) und die Ortschaft Kemmern mit ihren wunderschönen Waldbierkellern und der jährlichen Fischkerwa.

GPS: 49°58'07" N / 10°47'59" E

Brauerei Gasthaus Mazour-Fössel

Der Männer-Biergarten

Wovon träumen 90% aller Männer mindestens einmal im Jahr? Von einem Biergarten mit einem gigantischen Grill, den man selbst nach Lust und Laune belegen und wo man miteinander über das Grillen fachsimpeln kann. Und genau das erwartet Heinz, Herbert, Josef und Franz in Appendorf! „Zum Välta" kommt übrigens von einem der Urwirte, der Valentin hieß. Der Volksmund „Gemma zum Välta" hat sich bis heute gehalten und beschreibt die Prozession der Stammgäste in den malerischen Garten am Bach. Unbedingt erwähnt werden muss noch Bayerns größte Musikinstrumentensammlung, die jeden Freitag in Form einer Jam-Session nicht nur optisch, sondern auch akustisch zu bewundern ist.

BIER:
Eigene Brauerei: Välta-Bier (vom Fass). Wagner/Kemmern: Pils, Weizen, Alkoholfreies.

KÜCHE:
Hausmacher Brotzeiten. Täglich kleine Karte mit warmen Gerichten. Spezialitäten: Gerupfter, Schäuferla.

GETRÄNKEPREIS:

PLÄTZE (FREI/REGENSICHER):
150/200

GUIDE-TIPP:
Schäuferla

DB Baunach

BRAUEREI-GASTHAUS MAZOUR-FÖSSEL „ZUM VÄL

Baunacher Straße 28
96196 Appendorf
Tel.: 09544-20390
eMail: robertmazour@yahoo.com
www.brauerei-zum-vaelta.de

ÖFFNUNGSZEITEN
Do bis Mo ab 10 Uhr
Mi ab 15 Uhr
Fr 10 bis 13 Uhr und ab 17 Uhr
Dienstag Ruhetag

GPS: 49°54'28" N / 10°50'03" E

Schuhmann's Keller

Eine kreative Mischung aus Biergarten und Abhang, deswegen mit vielen Stufen für die Bierdurstigen verbunden. Doch der Auf- und Abstieg lohnt sich: Sowohl Bier als auch Brotzeiten sind von hervorragender Qualität, und uriger geht es eigentlich kaum! Übrigens ist die Wirtin hier der Chef, was immer wieder zu lustigen Konfusionen führt, zumal sowohl sie als auch ihr Gatte bei jeder sich bietenden Gelegenheit bei den Gästen am Tisch anzutreffen sind.

Das Kleinod am Stadtrand

Brauerei Zur Sonne Bischberg

SCHUHMANN'S KELLER
Rothofweg
96120 Bischberg
Tel.: 0951-602052

ÖFFNUNGSZEITEN
Täglich ab 14 Uhr
Kein Ruhetag
Bei schlechtem Wetter geschlossen

BIER:
Zur Sonne/Bischberg: Helles (vom Fass), Hefeweizen.

KÜCHE:
Fränkische Brotzeiten. Täglich kleine Karte mit warmen Gerichten. Spezialitäten: Selbstgemachter Gerupfter, selbstgemachter Ziebeleskäse.

GETRÄNKEPREIS: 🍺🍺🍺

PLÄTZE (FREI/REGENSICHER):
250/40

GUIDE-TIPP:
Gerupfter

OVF 8229 Bischberg Ortsmitte
STVB Lerchenweg (6)

Pettstad

GPS: 49°59'07" N / 10°57'55" E

HELMUTS HOFSCHÄNKE

BIERGARTEN MIT REITHALLE UND LAGERFEUER

Einige besuchen die Hofschänke wegen des ständig wechselnden regionalen Bierangebotes, andere kommen wegen des Reitstalles, wieder andere wollen Deutschlands einziges privat gehaltenes zahmes Zebra beäugen. Man sieht: Jeder kommt auf seine Kosten, insbesondere Familien, denn das Gut Leimershof liegt abseits der Straße und verfügt über einen großen Spielplatz und ein eigenes Kinderangebot. Bierfans sollten den Leimershofer Seelen-Drösder versuchen, der exklusiv für die Hofschänke gebraut wird.

BIER:
Fässla/Bamberg: Lager, Zwergla (beide vom Fass). Leikeim/Altenkunstadt: Weizen (vom Fass). Bitburger: Pils (vom Fass). Murphy´s: Schwarzbier (vom Fass). Außerdem immer ein Fassbier aus der Umgebung (wechselnd).

KÜCHE:
Fränkische Brotzeiten. Täglich große Karte mit warmen Gerichten. Spezialitäten: Schäuferla auf der Schaufel, Leimer, Asiatag (Di), Bauerntag (Do).

GETRÄNKEPREIS: 🍺🍺

PLÄTZE (FREI/REGENSICHER):
200/210

GUIDE-TIPP:
Pizza aus dem Steinofen

DB Breitengüßbach 🚲

HELMUTS HOFSCHÄNKE
Gut Leimershof
96149 Breitengüßbach
Tel.: 09547-5457
eMail: christian-kann@t-online.de
www.helmutshofschaenke.de

ÖFFNUNGSZEITEN
Mo & Do ab 17 Uhr
Di, Mi & Fr ab 16 Uhr
Sa ab 15 Uhr
So & Feiertage ab 12 Uhr
Kein Ruhetag

GPS: 49°58'10" N / 10°53'06"E

BRAUEREI GASTHOF HÜMMER

Die fast 400 Jahre alte Brauerei im Herzen von Breitengüßbach beherbergt einen kleinen Hinterhof, der liebevoll der „Hümmer-Keller" genannt wird. Hier lassen sich vor allem Stammgäste das gute Hümmer-Bier schmecken. Und wirklich: Jedes der Biere weiß zu überzeugen, vor allem das Dunkelbier und der (helle) Urtyp. Insofern sollten Sie sich bei der nächsten Fahrt durch Breitengüßbach diesen Zwischenstopp nicht entgehen lassen. Auf Wunsch Bierprobe und Gewölbekellerführung!

HINTERHOF-KELLER

BIER:
Eigene Brauerei: Weizen, Pils, Lager, Altfränkischer Urtyp (alle vom Fass). Kulmbacher Brauerei: Alkoholfreies.

KÜCHE:
Hausmacher Brotzeiten.
Täglich große Karte mit warmen Gerichten. Spezialitäten: Karpfen, Braumeisterspieße, Sudpfannensteak, Mälzerschnitzel.

GETRÄNKEPREIS:

PLÄTZE (FREI/REGENSICHER):
100/150

GUIDE-TIPP:
Sudpfannensteak

DB Breitengüßbach

OVF 8219 + 8221 Breitengüßbach

BRAUEREI GASTHOF HÜMMER
Bamberger Straße 22
96149 Breitengüßbach
Tel.: 09544-20344

ÖFFNUNGSZEITEN
Di bis Fr und So & Feiertage ab 9 Uhr
Sa 9 bis 13 Uhr (bei Bedarf länger geöf
Montag Ruhetag

GPS: 49°56'06" N / 10°51'50" E

Diller-Keller

Wo auch der Kuchen schmeckt

Auf dem Diller-Keller sitzt man in drei Ebenen und kann wahlweise die guten Brotzeiten oder Kaffee und Kuchen genießen – der Blick auf Hallstadt verwöhnt dabei die Augen. Für die Kleinen gibt es eine große Wiese, einen kleinen Spielplatz und natürlich den umliegenden Wald. Der sorgt übrigens dafür, dass es hier immer wohl temperiert ist.

BIER:
Hönig/Tiefenellern: Lager (vom Fass). Clausthaler: Alkoholfreies.

KÜCHE:
Hausmacher Brotzeiten. Täglich kleine Karte mit warmen Gerichten. Spezialitäten: Gerupfter, Kellerplatte, Dosenfleisch, Kaiserfleisch mit Kartoffelsalat.

GETRÄNKEPREIS:

PLÄTZE (FREI/REGENSICHER):
200/25

GUIDE-TIPP:
Überraschungsplatte

DILLER-KELLER
Am Kreuzberg
96103 Hallstadt
Tel.: 0951-7001648

ÖFFNUNGSZEITEN
Mo bis Fr ab 15.30 Uhr
Sa, So und Feiertage ab 14 Uhr
Mittwoch Ruhetag

DB Hallstadt

STWB Brunnenstraße (4)

GPS: 49°56'20" N / 10°51'53" E

Waldschänke Rabenhorst

Die Waldschänke Rabenhorst liegt nicht nur fernab der Zivilisation mitten im Wald zwischen Kemmern und Dörfleins, sondern auch nur 100 Meter vom Mainufer entfernt und ist deshalb gern besuchtes Ziel von Bootsfahrern aller Art. Und nachdem es ja zu Wasser bekanntlich keine Promillegrenze gibt, probieren die meisten auch alle vier Reckendorfer Biere durch. Zu essen dann eher Allerwelts-Essen wie Hähnchen und Currywurst, aber auch Hausmacher Brotzeiten aus eigener Herstellung.

Bier zu Wasser

BIER:
Reckendorfer Schloßbrauerei: Keller (vom Fass), Pils, Dunkles, Weizen, Hefeweizen. Löwenbräu/ München: Alkoholfreies.

KÜCHE:
Hausmacher Brotzeiten. Täglich ein warmes Gericht. Spezialitäten: Hähnchen, Quark, selbstgebackener Kuchen.

GETRÄNKEPREIS:

PLÄTZE (FREI/REGENSICHER):
100/60

GUIDE-TIPP:
Selbstgebackener Kuchen

DB Hallstadt

STWB Brunnenstraße (4)

WALDSCHÄNKE RABENHORS
Weißer Graben 1
96103 Hallstadt
Tel.: 0951-75505

ÖFFNUNGSZEITEN
Täglich ab 14 Uhr
Montag & Dienstag Ruhetag

GPS: 49°55'54" N / 10°51'34" E

BRAUEREI EICHHORN

WO DER HAUSSEGEN NIE SCHIEF HÄNGEN SOLLTE

Eine Ehe, wie sie auf dem fränkischen Land sein sollte: Alfons Eichhorn braut das Bier und seine holde Gattin Angelika besorgt die Hausschlachtung. Dass dabei nicht nur wirklich gutes Bier, sondern auch hervorragende Hausmacher Brotzeiten wie z. B. Zwetschgenbames herauskommen, versteht sich fast von selbst. Da ist es gar nicht mehr so schlimm, dass man kein eigenes Essen mitbringen darf.

BIER:
Eigene Brauerei: Keller, Weizen, Bock (alle vom Fass). Löwenbräu/München: Alkoholfreies.

KÜCHE:
Hausmacher Brotzeiten. Täglich kleine Karte mit warmen Gerichten. Spezialität: Zwetschgenbames.

GETRÄNKEPREIS:

PLÄTZE (FREI/REGENSICHER):
150/65

GUIDE-TIPP:
Zwetschgenbames

BRAUEREI EICHHORN
Dörfleinser Straße 43
96103 Hallstadt
Tel.: 0951-75660
eMail: brauerei-eichhorn@t-online.de
www.brauerei-eichhorn.de

ÖFFNUNGSZEITEN
Täglich ab 9 Uhr
Montag Ruhetag

DB Hallstadt
STWB Dörfleins Mitte (4)

GPS: 49°57'13" N / 10°51'39" E

LEICHT'S KELLER

SAU AM SPIESS IM KESSEL

Der Leicht's Keller, von Kennern einfach nur „die Grotte" genannt, liegt vermeintlich ruhig am Waldesrand bei Kemmern.

Bei Kellerbetrieb – und das ist im Sommer täglich ab Nachmittag – ist natürlich Schluss mit der Ruhe. Bis zu 700 Personen können hier bewirtet werden, und die kommen auch regelmäßig, vor allem wegen der leckeren Mahlzeiten, zweimal im Jahr gibt es sogar Sau am Spieß.

BIER:
Schloßbrauerei Reckendorf: Keller, Dunkles (vom Fass), Hefeweizen. Löwenbräu/München: Alkoholfreies.

KÜCHE:
Fränkische Brotzeiten. Täglich mittelgroße Karte mit warmen Gerichten. So und Feiertage Mittagstisch. Spezialitäten: Pfannenschnitzel, Kellerschmaus, Bohnenkerne mit Dörrfleisch (Do), Schaschliktopf (Sa).

GETRÄNKEPREIS:

PLÄTZE (FREI/REGENSICHER):
600/170

GUIDE-TIPP:
Angebratene Göttinger

DB Breitengüßbach

OVF 8219 + 8221
Kemmern Hotel Rosenhof

LEICHT'S KELLER
Im Kessel
96164 Kemmern
Tel.: 09544-9875893 oder 0173-880637

ÖFFNUNGSZEITEN
Apr bis Sep
Täglich ab 14 Uhr
So & Feiertage ab 10 Uhr
Kein Ruhetag
Okt bis März
Do und Fr ab 16 Uhr
Sa ab 14 Uhr & So ab 10 Uhr
Montag bis Mittwoch Ruhetag

GPS: 49°57'30"N / 10°57'23" E

Brauerei Wagner

NICHT OHNE DIE PASSENDE FRAU

So beantwortet Hubert Wagner die Frage, wie man es seit 1788 geschafft hat, einen Familienbetrieb von Generation zu Generation weiterzugeben. Das Wasser für das erfrischende Bier (vor allem das Schwarzbier vom Fass ist eine echte Versuchung für Bierkenner) kommt aus einem Tiefbrunnen viele Meter unterhalb der Brauerei und ist mitverantwortlich für den individuellen Geschmack der Biere.

BIER:
Eigene Brauerei: Pils, Hefeweizen, Schwarzbier (alle vom Fass), Ungespundetes Bier, Märzen, Landbier, Festbier (saisonal), Bock (saisonal). Werner/Würzburg: Hopfenthaler Alkoholfreies.

KÜCHE:
Fränkische Brotzeiten. Täglich kleine Karte mit warmen Gerichten. Spezialitäten: Hausmacher Brotzeiten.

GETRÄNKEPREIS:

PLÄTZE (FREI/REGENSICHER):
100/100

GUIDE-TIPP:
Wurst mit Musik

BRAUEREI WAGNER
Hauptstraße 15
96164 Kemmern
Tel.: 09544-6746
eMail: info@brauerei-wagner.de
www.brauerei-wagner.de

ÖFFNUNGSZEITEN
Mo bis Sa ab 15 Uhr
So ab 16 Uhr
Dienstag Ruhetag

DB Breitengüßbach

OVF 8219 + 8221
Kemmern Hotel Rosenhof

GPS: 49°57′00″ N / 10°51′41″ E

WAGNERBRÄU-KELLER

KELLER OPEN END

BIER:
Eigene Brauerei: Lager, Pils, Keller, Weizen (alle vom Fass). Wechselnde Brauerei: Alkoholfreies.

KÜCHE:
Hausmacher Brotzeiten. Täglich mittelgroße Karte mit warmen Gerichten. So und Feiertage Mittagstisch. Spezialitäten: Kellerplatte, Schnitzelsandwich (Sa, So), selbstgebackene Kuchen.

GETRÄNKEPREIS:

PLÄTZE (FREI/REGENSICHER):
400/50

GUIDE-TIPP
Platte mit Musik

DB Breitengüßbach

OVF 8219 + 8221
Kemmern Hotel Rosenhof

Geöffnet? Naja, bis niemand meh da is!" – Das ist die lapidare Antwort von Walter Will auf die Frage nac den Öffnungszeiten seines Kellers. Ur es kann des öfteren auch mal später werden, schließlich liegt der Keller mitten im Wald, und es muss ein kleiner Berg erklommen werden, um sich dem fränkischen Müßiggang hingebe zu können. Überwiegend handelt es sich hier aber um einen Familienkelle dank des schönen Spielplatzes und d ruhigen Lage.

WAGNERBRÄU-KELLER
Mainstraße 7
96164 Kemmern
Tel.: 0170-9136003
www.wagner-keller-kemmern.de

ÖFFNUNGSZEITEN
Mo, Di, Do, Fr ab 15.30 Uhr
Mi ab 14 Uhr
Sa ab 13 Uhr
So und Feiertage ab 9.30 Uhr
Kein Ruhetag
Bei schlechtem Wetter geschlossen

GPS: 50°03'03" N / 10°41'47" E

GUTSGASTHOF ANDRES

BILDERBUCH-BIERGARTEN

Der Biergarten des Gutshofs liegt im Innenhof und am hauseigenen Weiher – drumrum Fachwerkgebälk, alter Baumbestand und der Geruch der Geschichte. Besonders schön ist die Lage unmittelbar am Wasser und die Möglichkeit, direkt um die Baumstämme zu sitzen. Mitte des 18. Jahrhunderts erbaut, erhielt Familie Andres nur etwa 100 Jahre später auch die Schankerlaubnis. Die Zukunft als Mittelpunkt der näheren Umgebung war begründet. In der Küche finden sich ausschließlich Produkte aus der Region oder aus eigener Landwirtschaft.

BIER:
Schroll/Reckendorf: Dunkles (vom Fass). Kaiser/Veldenstein: Pils (vom Fass). Simon/Lauf: Weizen. Spezial/Bamberg: Rauchbier.

KÜCHE:
Hausmacher Brotzeiten. Täglich mittelgroße Karte mit warmen Gerichten. Spezialitäten: Fischgerichte, Sülze, Bratwürste.

GETRÄNKEPREIS:

PLÄTZE (FREI/REGENSICHER):
120/100

GUIDE-TIPP:
Hausmacher Bauchfleischplatte

GUTSGASTHOF ANDRES
Pettstadt Nr. 1
96166 Kirchlauter
Tel.: 09536-221
eMail: info@gutsgasthof-andres.de
www.gutsgasthof-andres.de

ÖFFNUNGSZEITEN
Täglich ab 12 Uhr
Di und Mi Ruhetag

DB Ebelsbach

GPS: 49°53′07″ N / 10°17′08″ E

Brauerei Friedrich Düll

Mitten im Weinland Volkach steht das Brauhaus Krautheim und trotzt Weink nigin, Öchsle und Prädikat. Stattdessen fließt ein süffiges Bier in zahlreich Variationen aus den Zapfhähnen von Brauschänke und Biergarten. Inhaber Fried rich Düll lenkt die Geschicke des 350-jährigen Traditionsbetriebes. Die Familie se braut hier seit 1881 – vor allem für den regionalen Bedarf. Beonders beliebt: das Krautheimer Pilsner. Dazu gibt's handf te Bierkellernahrung vom Feinsten.

Stachel in der Rebe

BIER:
Eigene Brauerei: Helles Lager, Pils, Urtyp-Dunkel, Weißbier (alle vom Fass), Weißbier dunkel, Weißbier leicht & alkoholfrei, Märzen, Alkoholfreies.

KÜCHE:
Hausmacher Brotzeiten.
Täglich kleine Karte mit warmen Gerichten. Spezialitäten: Kartoffeln mit Quark und hausmacher Wurst, hausgemachter Kochkäse.

GETRÄNKEPREIS:

PLÄTZE (FREI/REGENSICHER):
250/100

GUIDE-TIPP:
Erst Brotzeit, dann Brauereiführung

DB Volkach a.M.

BRAUEREI FRIEDRICH DÜLL
Landstraße 4
97332 Volkach/Krautheim
Tel.: 09381-507
eMail: f.duell@krautheimer.com
www.krautheimer.com

ÖFFNUNGSZEITEN
Mo und Fr ab 15 Uhr geöffnet
Sa, So & Feiertage ab 11 Uhr geöffnet
Di, Mi, Do Ruhetag

GPS: 49°57'32" N / 10°56'25" E

GASTSTÄTTE SIEGLINDE DILLIG

DER BIERGARTEN MIT DER GUTEN SEELE

Was in Bamberg Wirtin Wally Mück mit ihrem Pizzini, ist bei den Biergärten Sieglinde Dillig. Sie lebt für ihre Wirtschaft und diese mit ihren Gästen lebt irgendwie auch für die ältere Dame,

die ihren Lebensabend mit der fränkischen Bierkultur verbinden möchte. Wollen wir hoffen, dass sich entgegen der Aussage der Chefin noch ein Nachfolger finden wird, um die Tradition in Laubend auch für künftige Generationen weiterzuführen. Unvergessen werden auf jeden Fall, neben unserem Tipp, die Bratwürste und die frisch gebackenen Brezeln bleiben.

GASTSTÄTTE SIEGLINDE DILLIG
Zückshuter Straße 16
96123 Laubend/Memmelsdorf
Tel.: 09542-1279

ÖFFNUNGSZEITEN
Täglich ab 11 Uhr geöffnet
Donnerstag Ruhetag

BIER:
Brauerei Hummel: Pils, Kellerbier, Märzen, Räucherla.

KÜCHE:
Hausmacher Brotzeiten. Kleine wechselnde Karte. Spezialitäten: Bratwürste und frische Brezen, Rauchfleisch mit Kraut.

GETRÄNKEPREIS:

PLÄTZE (FREI/REGENSICHER):
100/20

GUIDE-TIPP:
Spitzbub mit Essig und Zwiebeln

STVB Laubend (17)

Made in Bamberg

Dieses Prädikat tragen nicht nur die Biere aus den 11 Brauereien. Auch die meisten der Brauereianlagen in der Stadt und ihrem Umfeld wurden in der Domstadt gebaut. Dort steht der älteste Industriebetrieb Bambergs: die Brauereimaschinenfabrik KASPAR SCHULZ.

Der Familienbetrieb hat ganz sicher großen Anteil daran, dass die Brauereidichte und die Biervielfalt im Landkreis Bamberg weltweit einmalig sind.
Wir möchten die Gelegenheit nutzen, um an dieser Stelle (wo sich doch auf all den Seiten drumrum alles ums Bier und dessen Verkostung dreht) ein paar Worte zu der ehemaligen Kupferschmiede und jetzigem Vorzeigebetrieb zu verlieren: Kaspar Schulz produziert all die Maschinen, die man braucht, um aus Malz Bier herzustellen, also alle Gefäße zum Sieden, Gären und Lagern, sowie

Firmenchef Günter Schulz-Hess

BRAUEREIMASCHINENFABRIK KASPAR SCHULZ

die Nebenaggregate. Die Anlagen können schlüsselfertig hergestellt und geliefert werden, oder der Auftrag besteht aus einzelnen Gefäßen, einer Automatisierung oder Geräten zur Energieeinsparung. Die Brauanlagen oder die Gasthausbrauereien aus der Weltkulturerbestadt werden von den 90 Mitarbeitern in der Nähe des Bamberger Hafens überwiegend manuell hergestellt. Das Kerngeschäft von Kaspar Schulz liegt mittlerweile im Ausland – in etwa 40 Ländern stehen die Konstruktionen aus dem Traditionsbetrieb. Oft geht es dabei um die Wiederbelebung von Braukultur und Biervielfalt, weil meistens neue kleine Brauereien vor Ort neu- oder wiederentstehen. Vor Ort in Franken sind die „Schulz-Männer" insbesondere um die Zukunft der kleinen und mittelständischen Brauereien besorgt. In den seltensten Fällen kann eine einmal geschlossene Braustätte wiederbelebt werden, womit ein Stück Braukultur in der Regel für immer verschwindet. Ein Teil dieser Kultur ist auch die Brauereimaschinenfabrik Kaspar Schulz, und das seit über 330 Jahren. Und genau da liegt das Geheimnis des langfristigen geschäftlichen Erfolges der Bamberger: Ein Brauereibesitzer kann sicher sein, dass auch sein Sohn und dessen Erben in Kaspar Schulz eine verlässliche Anlaufstation für Service, Ersatzteile und neue Anlagen haben. Genauso denkt man im eigenen Haus, Günter und Johannes Schulz-Hess sind die 9. und 10. Generation der Schulz-Familie. Um es mit ihren eigenen Worten zu sagen: „Tradition ist eine großartige Verpflichtung". Das Haus am Unteren Kaulberg 15 in Bamberg, in dem am 11. Januar 1677 die Firma gegründet wurde und das über 210 Jahre auch die Kupferschmiedewerkstatt beherbergte, wird derzeit von der Familie liebevoll renoviert. In der Tat ein Haus mit Tradition und Geschichte. Dass die am jetzigen Standort vorbeiführende Straße Kaspar-Schulz-Straße heißt, war übrigens das Geschenk der Stadt Bamberg zum 325. Geburtstag der Firma.

WWW.KASPAR-SCHULZ.DE

GPS: 50°08'28" N / 10°46'48" E

Burggasthof Lichtenstein

Der verwirklichte Kindertraum

BIER:
Kulmbacher Brauerei: Pils, Hefe, Keller (alle vom Fass), Kristallweizen, Alkoholfreies.

KÜCHE:
Hausmacher Brotzeiten.
Täglich große Karte mit warmen Gerichten. Spezialitäten: Friesensteak, Wildschwein, Wild, hausgemachter Gerupfter.

GETRÄNKEPREIS: 🍺🍺

PLÄTZE (FREI/REGENSICHER):
150/100

GUIDE-TIPP:
Gänsebrust

DB Ebern

Armin Lassmann spielte schon als K
in den Gängen und Gemäuern de
Burg in Lichtenstein. Dort, wo er einst
Holzschwert und Pappschild unschuldi
Jungfrauen rettete, steht er heute hint
dem Herd und bringt Chef, Metzger un
Koch bestens unter einen Hut bzw. He
Die Burg aus dem 12. Jahrhundert kan
besichtigt werden. Zudem ranken sich
viele mythische Geschichten um den O
an dem Erdstrahlen und Heilkräfte ver
tet werden. Eine vermeintliche Kelten-
schaft entpuppte sich allerdings bereit
Liebeserklärung eines Dorfbewohners

BURGGASTHOF LICHTENSTEIN
Lichtenstein 13
96176 Pfarrweisach
Tel.: 09535-320

ÖFFNUNGSZEITEN
Di bis Do ab 17 Uhr
Fr bis So ab 11 Uhr
Montag Ruhetag

GPS: 49°57'30"N / 10°57'23" E

Brauerei Wagner

Der „Wagner“ in Merkendorf bietet nicht nur traditionelle fränkische Küche, sondern auch frisches Wild aus heimischen Gefilden. Mitten im Brauereihof, also quasi direkt an der Quelle, findet man schon ab neun Uhr morgens ein schönes Plätzchen für den richtigen Start in den Tag. Jährliches Highlight für die Freunde des über 200-jährigen Traditionskellers ist der Bockbieranstich am Freitag vor dem Buß- und Bettag.

Biergarten für Wild-Fans

BIER:
Eigene Brauerei: ungespundetes Lagerbier, Weißbier, Märzen, Pils (vom Fass). Festbier nur zu Festlichkeiten. Wernerbräu Poppenhausen: Alkoholfreies.

KÜCHE:
Hausmacher Brotzeiten. Täglich Mittagstisch. Spezialitäten: Schweinebraten, Sauerbraten, Wild, Geflügel. Ab 17 Uhr wechselndes warmes Essen.

GETRÄNKEPREIS:

PLÄTZE (FREI/REGENSICHER):
150/85

GUIDE-TIPP:
Wildgerichte

OVF 8224 Memmelsdorf

STWB Merkendorf Kirche (17)

BRAUEREI WAGNER
Pointstraße 1
96117 Merkendorf
Tel.: 09542-620
eMail: info@wagner-merkendorf.de
www.wagner-merkendorf.de

ÖFFNUNGSZEITEN
Täglich ab 9 Uhr
Montag Ruhetag

GPS: 49°57'36"N / 10°57'22" E

HUMMELS KELLER

DIE EICHE UNTER DEN BIERKELLERN

Wo hat man schon einen Bierkeller, von dessen Baumbestand es allein zwei Bäume zusammen auf fast 500 Jahre bringen? Einer davon, eine 300-jährige Eiche, hat einen Großteil der Familientradition in Merkendorf miterlebt, auf die die heutige Pächterin Maria Hummel auch mächtig stolz ist. Neben der eigenen Hausschlachtung setzt man auch auf Salate (u. a. mit Thunfisch) und weitere eher vegetarische Kellergerichte vom Ziebeleskäs über Limburger bis zum Gerupften. Bei schönem Wetter gibt's freitags marinierte Heringe mit Kartoffeln.

BIER:
Brauerei Hummel: Keller, Weizen, Rauchbier (alle vom Fass).
Clausthaler: Alkoholfreies.

KÜCHE:
Hausmacher Brotzeiten.
Täglich kleine Karte mit warmen Gerichten. Spezialitäten: heißer Schinken, marinierte Heringe (Fr), Salate, eingelegter Schafskäse.

GETRÄNKEPREIS:

PLÄTZE (FREI/REGENSICHER):
120/40

GUIDE-TIPP:
Eingelegter Schafskäse

OVF 8224 Memmelsdorf
STWB Merkendorf Kirche (17)

HUMMELS KELLER
Austraße 12
96117 Memmelsdorf/Merkendorf
Tel.: 09542-7992

ÖFFNUNGSZEITEN
Mo bis Sa ab 17 Uhr
So & Feiertage ab 15 Uhr
Mittwoch Ruhetag
Bei schlechtem Wetter geschlossen

GPS: 49°57'34" N / 10°57'29" E

Brauerei Hummel

Mindestens vier frische eigene Biere vom Fass, darunter ein vollmundiges Rauchbier, erklären die große Beliebtheit vom „Hummel" in Merkendorf. Besonders empfehlenswert aus der Küche: die Brotzeiten aus eigener Hausschlachtung – Leberwurst, Dörrfleisch, Rotwurst und besonders die gigantischen Fleischspieße haben eine große Fangemeinde. Und für die ist eines der zehn gebrauten Biere immer das Richtige.

RAUCHBIER MIT FANGEMEINDE

BIER:
Eigene Brauerei: Pils, Keller, Räucherla, helles Hefe (alle vom Fass), dunkles Hefe; Maibock, Weizenbock, Festbier (saisonal). Clausthaler: Alkoholfreies.

KÜCHE:
Hausmacher Brotzeiten. Täglich mittelgroße Karte mit warmen Gerichten. Spezialitäten: Brotzeiten, Schnitzel, hausmacher Bratwürste, selbstgemachte Fleischspieße.

GETRÄNKEPREIS:

PLÄTZE (FREI/REGENSICHER):
150/130

GUIDE-TIPP:
Fleischpieß mit Räucherla

OVF 8224 Memmelsdorf

StWB Merkendorf Kirche (17)

BRAUEREI HUMMEL
Lindenstraße 9
96117 Memmelsdorf/Merkendorf
Tel.: 09542-1247
eMail: info@brauerei-hummel.de
www.brauerei-hummel.de

ÖFFNUNGSZEITEN
Mo bis Fr ab 9 Uhr
Sa & So ab 9.30 Uhr
Dienstag Ruhetag

GPS: 50°03'43" N / 10°51'49" E

GASTHOF GOLDENER ADLER

MUSEUM UND KUTSCHFAHRT

Kein leichtes Erbe traten Paul und Angelika Ludwig an, als sie im Juli 2006 nach dreieinhalb Jahren Umbauzeit den Feilerhof wiedereröffneten. Nach dem Tod des Besitzers der Brauerei Feiler wurde umfangreich renoviert und aus der Brauerei ein Museum gestaltet. Das bekannte dunkle Märzenbier wird heute von der Brauerei Dremel aus Wattendorf zugeliefert. Auf Anfrage ist sogar eine Kutschfahrt im historischen Mürsbach (liegt an der Straße der Fachwerkromantik) möglich. Der Biergarten ist groß und mit Obstbäumen bewachsen – übrigens gibt's viele altrfränkische Kartoffelsorten, darunter auch Bamberger Hörnla – aus ökologischem Landbau.

BIER:
Dremel/Wattendorf: Dunkles Märzen, Helles (beide vom Fass).
Gutmann/Eichstätt: Weizen.
Clausthaler: Alkoholfreies.

KÜCHE:
Hausmacher Brotzeiten.
Täglich mittelgroße Karte mit warmen Gerichten.Spezialitäten: Rindsbratwürste mit Curry-Aprikosen-Sauce, Feilerhofplatte.

GETRÄNKEPREIS:

PLÄTZE (FREI/REGENSICHER):
300/75

GUIDE-TIPP:
Feilerhofplatte

DB Ebing

GASTHOF GOLDENER ADLE
Am Marktplatz 10-12
96179 Mürsbach
Tel.: 09533-982638

ÖFFNUNGSZEITEN
Mi bis Mo ab 17 Uhr (bei schönem Wetter Biergarten ab 15 Uhr)
So & Feiertage ab 10 Uhr
Dienstag Ruhetag

GPS: 50°03'40" N / 10°51'57" E

Gasthof-Brauerei Zur Sonne

Bereits in der fünften Generation ist der familienfreundliche Biergarten in der Hand der Familie Schmitt. Bier und Brotzeiten (Kochkäse!) aus eigener Produktion (wenn man Glück hat und gerade gebraut wird, darf man zusehen), sowie liebevoll benannte Kindergerichte prägen das Angebot. Allerdings sind auch kernige Gerichte wie Schaschlik und Spareribs dabei. Die sechste Generation steht übrigens bereits in den Startlöchern, damit die Tradition auch weitergeht.

SPASS MIT ASTERIX UND TABALUGA

BIER:
Eigene Brauerei: Lager, Bock, Hefeweizen (alle vom Fass). Würzburger Hofbräu: Alkoholfreies.

KÜCHE:
Hausmacher Brotzeiten. Täglich mittelgroße Karte mit warmen Gerichten. Spezialitäten: Hähnchen, Schaschlik, Spareribs.

GETRÄNKEPREIS:

PLÄTZE (FREI/REGENSICHER):
100/180

GUIDE-TIPP:
Schaschlik

DB Ebing

GASTHOF-BRAUEREI ZUR SONNE
Zaugendorfer Straße 4
96179 Mürsbach
Tel.: 09533-981017
eMail: gasthaus-schmitt@t-online.de
www.gasthaus-schmitt.de

ÖFFNUNGSZEITEN
Di bis Fr ab 16 Uhr
Sa, So & Feiertage ab 14 Uhr
Montag Ruhetag

GPS: 49°55′58″ N / 10°50′17″ E

Hannla Keller

DAS MAINTAL IM BLICK

Vom Hannla Keller hat man einen absolut genialen Ausblick auf das Maintal. Gerade an heißen Tagen sitzt es sich unter den großen Bäumen besonders schön.

Kulinarisch ein Bierkeller wie er im Buche steht (tut er ja auch…): kalte Gerichte aus Hausschlachtung, Wagne Pils und ein ordentlicher Kinderspielplatz.

Der Hannla Keller ist auch eine gute Anlaufstation für durstige Radfahrer.

BIER:
Eigene Brauerei: Helles, Vollbier (beide vom Fass). Clausthaler: Alkoholfreies.

KÜCHE:
Hausmacher Brotzeiten. Täglich kleine Karte mit warmen Gerichten. Spezialitäten: Hannla-Platte, Käseplatte.

GETRÄNKEPREIS:

PLÄTZE (FREI/REGENSICHER):
200/0

GUIDE-TIPP:
Hannla-Platte

DB Oberhaid

OVF 8229 Oberhaid

HANNLA KELLER
Bamberger Straße 2
96173 Oberhaid
Tel.: 09503-229
eMail: brauereiwagneroberhaid@t-online

ÖFFNUNGSZEITEN
Mo bis Fr ab 14 Uhr
Sa und So ab 10 Uhr
Kein Ruhetag
Bei schlechtem Wetter geschlossen

GPS: 49°55'58" N / 10°50'17" E

KRAFT-KELLER

Sport-Liebhaber kommen beim Kraft-Keller regelmäßig auf ihre Kosten. Formel 1, Fußball, auf Wunsch auch andere Sportarten sind über der Theke oder unter einer kleinen Überdachung zu sehen. An sich ist man dabei in der Natur und kann bei schlechter eigener Versorgungslage auch kulinarisch einen Boxenstopp mit Brotzeiten einlegen. Erwähnt werden muss auch der große Spielplatz und die gute Lage weit ab von der Straße.

DER LEINWAND-KELLER

KRAFT-KELLER
Richtung Johannishof
96173 Oberhaid
Tel.: 09503-5454

ÖFFNUNGSZEITEN
Täglich ab 12 Uhr
Kein Ruhetag
Bei schlechtem Wetter geschlossen

BIER:
Eichhorn/Dörfleins: Keller (vom Fass), Weizen. Löwenbräu/München, Clausthaler: Alkoholfreies.

KÜCHE:
Fränkische Brotzeiten. Täglich kleine Karte mit warmen Gerichten. Spezialitäten: Knoblauchbrot, Steaks, Fisch vom Grill.

GETRANKEPREIS:

PLÄTZE (FREI/REGENSICHER):
350/40

GUIDE-TIPP:
Knoblauchbrot

DB Oberhaid
OVF 8229 Oberhaid

DIE BESTE ART, BAMBERG VON SEINER BIERIGEN SEITE KENNEN ZU LERNEN ...

BierSchmecker® Touren

Die Lektüre dieses Buches hat sicherlich Durst gemacht, und Lust – Lust darauf, die verschiedenen Biersorten und die jeweiligen Brauereien, Bierkeller und Biergärten zu besuchen. Zu diesem Zweck gibt es – zumindest, was Bamberg angeht – ein einmaliges und prämiertes Angebot: Die Bamberger BierSchmecker® Touren.

WWW.BAMBERG.INFO

Das Konzept ist gut durchdacht und für individuelle Unternehmungen bestens geeignet: Ausgerüstet mit einem hochwertigen Rucksack, der fünf Gutscheine für je eine Halbe Bier, den passenden Bierkrug und eine ausführliche Broschüre mit integriertem Stadtplan zur Orientierung beinhaltet, machen Sie sich auf eine Entdeckungsreise der besonderen Art: Der Wegbeschreibung folgend geht es von Brauerei zu Brauerei, wahlweise fünf links oder fünf rechts der Regnitz,wo Sie sich durch fünf Biersorten „schmecken". Dabei genießen Sie unterwegs praktischerweise noch das Weltkulturerbe: Bei der Tour links der Regnitz lockt die Bergstadt mit Höhepunkten wie Kaiserdom, Obere Pfarre und Böttingerhaus, rechts der Regnitz warten die Gärtnerstadt, St. Gangolf (die älteste Kirche der Stadt) und der Stadtteil Wunderburg auf Entdecker. Am besten, Sie begehen gleich beide BierSchmecker® Touren, um anschließend als wahrer Bierkenner das Weltkulturerbe Bamberg künftig regelmäßig aufzusuchen. Die BierSchmecker® Tour gibt es zum Preis von 20 Euro in der Tourist Information zu kaufen. Weitere Infos unter www.bamberg.info. Wir wünschen viel Spaß!

Tourist Information
Geyerswörthstraße 3
96047 Bamberg
Öffnungszeiten:
Mo-Fr: 9.30-18 Uhr
Sa: 9.30-14.30 Uhr
Von 1.4. bis 31.12 auch
So: 9.30-14.30; (Karfreitag, Allerheiligen und 25./26.12. geschlossen)

GPS: 49°51'21" N / 10°21'11" E

GASTWIRTSCHAFT „ZUR KRONE"

Im weinfränkischen Brünnau haben wir ein bieriges Kleinod gefunden: den Biergarten der Gastwirtschaft „Zur Krone". Unter dem Anwesen (dem ehemaligen Zehntkeller) liegt heute noch der historische Felsenkeller, der nach wie vor einen kleinen Brunnen im Hof speist (allerdings mit Wasser, leider nicht mit Bier). In dem reinen Familienbetrieb greifen alle gern zu Zapfhahn und Kochtopf – momentan stehen drei Generationen gleichzeitig hinter dem Herd. Selbst die Brotzeiten sind Familienprodukt: Der Bruder von Chefin Gertraud Geißel hat eine Metzgerei.

GASTWIRTSCHAFT „ZUR KRONE"

Brünnau 4
97357 Prichsenstadt/OT Brünnau
Tel.: 09382-1745
eMail: zur-krone@bruennau-zur-krone.de
www.bruennau-zur-krone.de

ÖFFNUNGSZEITEN

Täglich ab 10 Uhr
Mittwoch Ruhetag

BIERGARTEN UNTER DENKMALSCHUTZ

BIER:
Krautheimer: Pils, Urtyp, Hefe (alles vom Fass), dunkles Hefe, helles Hefe, Märzen, Leicht, Alkoholfreies.

KÜCHE:
Hausmacher Brotzeiten. Täglich große Karte mit warmen Gerichten. Spezialitäten: Rinderfilet, Brünnauer Weinsuppe mit Kracherle.

GETRÄNKEPREIS:

PLÄTZE (FREI/REGENSICHER):
70/55

GUIDE-TIPP:
Brünnauer Weinsuppe mit Kracherle

DB Prichsenstadt

GPS: 50°01'18" N / 10°49'43" E

Gasthaus Schlossbräu
Reckendorfer Schlossgarten

SELBSTGEMACHTES UNTER SCHATTIGEN BÄUMEN

BIER:
Eigene Brauerei: Export, Keller (beide vom Fass), Hefeweizen, Light. Löwenbräu/München: Alkoholfreies.

KÜCHE:
Hausmacher Brotzeiten. So und Feiertage Mittagstisch. Spezialitäten: Frischer Leberkäse, Gerupfter, hausgemachtes Eis nach italienischer Art.

GETRÄNKEPREIS:

PLÄTZE (FREI/REGENSICHER):
150/180

GUIDE-TIPP:
Eis aus eigener Herstellung

DB Reckendorf

OVF 8221 Reckendorf

Bei Familie Dirauf ist nun wirklich einiges selbstgemacht, vom Gerupften über den Leberkäse bis zum Eis. Jährliches Highlight ist der Frühschoppen an Fronleichnam, bei dem vor allem die Liebhaber guter Grillhähnchen auf ihre Kosten kommen dürften. Das Bier wird seit 1597 vor Ort gebraut und wandert direkt vom Fass in den Krug und von dort in die Kehle. Toll für Kinder: Sie haben jede Menge Platz und Spielgeräte!

GASTHAUS SCHLOSSBRÄU / RECKENDORFER SCHLOSSGARTEN
Mühlweg 8
96182 Reckendorf
Tel.: 09544-94950

ÖFFNUNGSZEITEN
Täglich ab 16 Uhr
So und Feiertage ab 14.30 Uhr
Dienstag Ruhetag

GPS: 50°01'06" N / 10°53'08" E

OBERE MÜHLE

SCOTLAND YARD MIT DER MÜHLE

Etwas Spürsinn braucht man schon, um den traumhaften Biergarten an der Itz zu finden. Doch es lohnt sich: Direkt am Fluss steht das alte Sandsteinhaus, dekoriert mit einem Naturgarten und riesigen historischen Mühlrädern. In diesem malerischen Ambiente bietet Chef Werner Schmitt eine kleine, aber feine Palette von Hausmacher Brotzeiten und Salaten, dazu frisches Mönchsambacher Lager vom Fass.

BIER:
Zehendner/Mönchsambach: Lager (vom Fass), Weizen.

KÜCHE:
Hausmacher Brotzeiten. Spezialitäten: Mühlenplatte, Salate.

GETRÄNKEPREIS:

PLÄTZE (FREI/REGENSICHER):
100/50

GUIDE-TIPP:
Mühlenplatte

OBERE MÜHLE
An der Itz 11
96179 Rattelsdorf
Tel.: 09547-7627

ÖFFNUNGSZEITEN
Fr & Sa ab 16 Uhr
So & Feiertage ab 10 Uhr
Tag vor einem Feiertag ab 16 Uhr
Montag bis Donnerstag Ruhetag
(Saison endet Anfang August)

OVF 8219 Rattelsdorf Marktplatz

GPS: 50°00'18" N / 11°09'21" E

Brauerei Will

FORMEL 1 THEATER

Die Brauerei Will steht für vollmundige Biere vom Land- bis zum Weißbier, feine fränkische Brotzeiten und jede Menge Events. Egal, ob Großleinwand-Übertragung der Formel1-Rennen (am regelmäßigen Ferrariday wird Schederndorf zu Klein-Maranello; auf die Zukunft des Events nach Schumis Abgang darf man gespannt sein), Kirchweih (Zweiter Sonntag im September), Wald- und Wiesenfest oder Theatersommer – es ist immer was geboten. Kein Wunder also, dass der „Will-Fanclub" einer der wenigen Vereine ist, um dessen Zukunft man sich keine Gedanken machen muss.

BIER:
Eigene Brauerei: Dunkles, Hefeweizen, Bock (saisonal) (alle vom Fass).

KÜCHE:
Hausmacher Brotzeiten.
Spezialitäten: Ziebeleskäs, Hausmacherplatte.

GETRÄNKEPREIS:

PLÄTZE (FREI/REGENSICHER):
300/80

GUIDE-TIPP:
Ziebeleskäs

OVF 8224 Würgau

BRAUEREI WILL
Haus Nr. 19
96187 Stadelhofen/Schederndorf
Tel.: 09504-262
www.schederndorf.de

ÖFFNUNGSZEITEN
Mo bis Fr ab 11 Uhr
So und Feiertage ab 10 Uhr
Dienstag Ruhetag

GPS: 49°55'24" N / 10°46'44" E

BRAUEREI-GASTSTÄTTE MAINLUST

Hier ist mal wirklich alles aus eigenem Hause bzw. eigener Landwirtschaft: Jeden Sonntag bäckt man Brot, danach wird Bier gebraut und schließlich geschlachtet. Die breite Palette an Wurst, Schinken und Presssack nimmt kaum ein Ende, und nach jeder Platte möchte man am liebsten die nächste probieren. Sonntags übrigens geht's dann eine Etage höher und man kann Gansbrust, Rehbraten, Wildente & Co. genießen. Im Grunde ist in der „Mainlust" immer was los und jeder wird in die große Familie integriert.

ALLES SELBSTGEMACHT

BRAUEREI-GASTSTÄTTE MAINLUST
Hauptstraße 9
96191 Viereth
Tel.: 09503-7444
Fax: 09503-615
www.mainlust.com

ÖFFNUNGSZEITEN
Di bis Do ab 6 Uhr
Sa bis Mo ab 8 Uhr
Freitag Ruhetag

BIER:
Eigene Brauerei: Vollbier (vom Fass), Helles. Löwenbräu/München: Alkoholfreies.

KÜCHE:
Hausmacher Brotzeiten. Täglich kleine Karte mit warmen Gerichten. Spezialitäten: Bayer-Platte, Braten, saisonale Gerichte, Zanderfilet.

GETRÄNKEPREIS: 🍺🍺🍺

PLÄTZE (FREI/REGENSICHER):
100/310

GUIDE-TIPP:
Bayer-Platte

OVF 8229 Viereth

GPS: 50°07'29" N / 10°49'11" E

BIERGARTEN IM SCHLOSS GEREUTH

ZU BESUCH HINTERM SCHLOSS

Lange Zeit war das Schloss Gereuth ein Sorgenkind – es verfiel vor sich hin, und es fand sich kein Interessent. Vor sechs Jahren fuhren schließlich Birgit Richter und Rupert Fechner an der Edelbruchbude vorbei, verliebten

sich in das Gemäuer und waren fortan Schlossbesitzer. Seitdem geht es nur noch aufwärts. Ein kleiner Zoo, unter anderem mit Emus, und ein liebevoll improvisierter Biergarten mit Schlossblick laden zum Verweilen ein. Blasenschwache sollten sich ihre Kapazitäten allerdings einteilen – zur Toilette im Schloss sind es locker 500 Meter.

BIER:
Schleicher/Kaltenbrunn: Helles, Dunkles (beide vom Fass).
Greifenklau/Bamberg: Lager.

KÜCHE:
Hausmacher Brotzeiten.
Kleine warmen Gerichte.
Spezialitäten: geräucherte Forelle, Obatzter, Schlossplatte.

GETRÄNKEPREIS:

PLÄTZE (FREI/REGENSICHER):
200/40

GUIDE-TIPP:
Schlossplatte

DB Creidlitz

SCHLOSS GEREUTH
Gereuth 1
96190 Untermerzbach
Tel.: 09533-98240
eMail: service@schloss-gereuth.de
www.schloss-gereuth.de

ÖFFNUNGSZEITEN
Di bis Do ab 17 Uhr
Fr & Sa ab 15 Uhr
So & Feiertage ab 11 Uhr
Montag Ruhetag

GPS: 50°06'02" N / 10°51'22" E

ALTES BRAUHAUS HEMMENDORF

Der Traum für Franken: Mitten im und um das ehemalige Brauhaus können im Alten Brauhaus Hemmendorf die Gäste ihr Bier genießen. Sogar der alte Brunnen im Gastraum steht noch. Mit viel Liebe zum Detail haben Johannes und Birgit Scharf dem historischen Ort Hemmendorf noch eine Perle hinzugefügt – und einen Tempel für Liebhaber von Steak, Roastbeef, Schnitzel & Co. Zudem legt man großen Wert auf Familienfreundlichkeit.

IN DER BIERWOHNUNG

ALTES BRAUHAUS HEMMENDORF
Hemmendorf 19
96190 Untermerzbach
Tel.: 09533-479
www.altesbrauhaushemmendorf.de

ÖFFNUNGSZEITEN
Mi bis Sa ab 17 Uhr
So & Feiertage ab 10 Uhr
Montag & Dienstag Ruhetag

BIER:
Göller/Zeil a. M.: Pils (vom Fass), Dunkles, Weißbier, Alkoholfreies.

KÜCHE:
Fränkische Brotzeiten. Täglich große Karte mit warmen Gerichten. So & Feiertage Mittagstisch. Spezialitäten: Hemmendorfer Brauhaussteak, Bauernschnitzel, Hähnchenbrust auf frischem Pilzragout.

GETRÄNKEPREIS:

PLÄTZE (FREI/REGENSICHER):
50/95

GUIDE-TIPP:
Roastbeef vom dt. Angusrind

OVF 8219 Hemmendorf

GPS: 49°54'46" N / 10°45'09" E

BRAUEREI-GASTWIRTSCHAFT KUNDMÜLLER

EIN ECHTER BIER-KELLER

Die zahlreichen Siege, unter anderem bei bamberg-guide.de, Bier-Guide oder bei bierkeller.de, hat die Weiherer Brauerei bei Weitem nicht zu Unrecht eingefahren. Fünf hervorragende Biersorten, allen voran das neue Weiherer Rauch, lassen den Besuch für Bierfanatiker aller Couleur zum absoluten Highlight werden. Auch das Ambiente um das ehemalige Jagdschlösschen und die Wälder und Wiesen laden immer wieder zu längeren Aufenthalten ein. Kulinarisch gibt's Klassiker aus eigener Schlachtung und ein bis zwei warme Gerichte pro Tag.

BIER:
Eigene Brauerei: Lager, Pils, Weiße, Rauchbier (alle vom Fass).

KÜCHE:
Hausmacher Brotzeiten. Täglich kleine Karte mit warmen Gerichten. Spezialitäten: Hausmacherplatte, Leberkäse (Fr).

GETRÄNKEPREIS:

PLÄTZE (FREI/REGENSICHER):
400/190

GUIDE-TIPP:
Weiherer Rauch

OVF 8229 Viereth

BRAUEREI-GASTWIRTSCHAFT KUNDMÜLLER
Weiher 13
96191 Viereth-Trunstadt
Tel.: 09503-4338
eMail: info@kundmueller.de
www.kundmueller.de

ÖFFNUNGSZEITEN
Täglich ab 9 Uhr
Mittwoch Ruhetag

GPS: 50°01'57" N / 11°07'30" E

Brauereigasthof Hübner

GUT UND GÜNSTIG

Beim Hübner können auch Besucher mit kleinerem Geldbeutel ihren Hunger und Durst gut stillen, was aber nichts zur Qualität zu sagen hat. Die reichhaltigen Brotzeiten aus eigener Schlachtung werden aus allen (nicht nur den satten) Kehlen gelobt, besonders gern getrunken wird das bernsteinfarbene Lager. Interessant auch das leicht getrübte Zwickelpils, naturbelassen gebraut.

BRAUEREIGASTHOF HÜBNER
Hauptstraße 28
96196 Wattendorf
Tel.: 09504-207
www.brauerei-huebner.de

ÖFFNUNGSZEITEN
Täglich ab 11.30 Uhr
Mittwoch Ruhetag

BIER:
Eigene Brauerei: Dunkles, Zwickl (beide vom Fass). Löwenbräu/München: Alkoholfreies.

KÜCHE:
Hausmacher Brotzeiten. Täglich mittelgroße Karte mit warmen Gerichten. Sa, So & Feiertage Mittagstisch. Spezialitäten: Steaks, Hausmacherplatte.

GETRÄNKEPREIS: 🍺🍺🍺

PLÄTZE (FREI/REGENSICHER):
100/100

GUIDE-TIPP:
Schinken mit Ei und Butterbrot

OVF 8224 Wattendorf

GPS: 49°58'01" N / 10°55'38" E

Gasthof Rieneck

DER FISCH-BIERGARTEN

Bei Familie Reitz stehen die Zeichen auf Fisch: Karpfen, Forelle, Lachs, Zander, Rotbarsch & Co. landen abwechselnd in Ofen, Pfanne oder Fritteuse, um den Gästen den Appetit erst anzuregen und dann für Sättigung zu sorgen. Karpfen und Forelle stammen dabei aus eigenem Bassin. Ein großer, liebevoll gestalteter Spielplatz macht den Biergarten auch für Familien attraktiv, also ein Muss, wenn man in der Nähe auf Wandertour ist.

BIER:
Mahr´s Bräu/Bamberg: Pils, U (beide vom Fass), Hefeweizen. Löwenbräu/München: Alkoholfreies.

KÜCHE:
Hausmacher Brotzeiten. Täglich große Karte mit warmen Gerichten. Sa, So und Feiertage Mittagstisch. Spezialitäten: Rumpsteak, Wild (aus der Umgebung), Lendchenspieß.

GETRÄNKEPREIS:

PLÄTZE (FREI/REGENSICHER):
200/150

GUIDE-TIPP:
Zückshuter Zwiebelsteak

DB Baunach

GASTHOF RIENECK
Hauptstraße 36
96149 Zückshut/Breitengüßbach
Tel.: 09544-2446
eMail: info@gasthof-rieneck.de
www.gasthof-rieneck.de

ÖFFNUNGSZEITEN
Mo bis Fr ab 14.30 Uhr
Sa, So & Feiertage ab 10 Uhr
Mittwoch Ruhetag

GPS: 50°00'41" N / 10°35'49" E

Brauereigaststätte Göller

Mit dem Göller Hilfsfonds geht die mehrfach prämierte Traditionsbrauerei aus Zeil am Main neue Wege. Jeder verkaufte Kasten und diverse Events tragen dazu bei, dass Hilfsbedürftige aus der Region Unterstützung erhalten. Vorbildlich ist auch der Wirt selbst – geduldig erträgt Hubert Rausch die allgegenwärtigen Anspielungen auf seinen Namen und das Bier – und die Website, auf der man sogar die Rezepte zum Nachkochen finden kann.

HILFE VOR ORT

BRAUEREIGASTSTÄTTE GÖLLER
Speiersgasse 21
97475 Zeil am Main
Tel.: 09524-9554
eMail: info@brauerei-goeller.de
www.brauerei-goeller.de

ÖFFNUNGSZEITEN
Täglich ab 9.30 Uhr
Dienstag Ruhetag
Juni bis einschl. August: Kein Ruhetag

BIER:
Eigene Brauerei: Pils, Dunkles, Weizen, Rauchbier (alle vom Fass), Alkoholfreies.

KÜCHE:
Hausmacher Brotzeiten. Täglich große Karte mit warmen Gerichten. Spezialitäten: Schäuferla, Grillhaxe, Dosenfleisch.

GETRÄNKEPREIS:

PLÄTZE (FREI/REGENSICHER):
450/230

GUIDE-TIPP:
Schäuferla & Fränkisches Bierbrot

DB Zeil

Blick Kloster Banz

Coburg Stadt & Land

Schriftlich erwähnt wurde Coburg erstmals 1056, auf einer Schenkungsurkunde der Polenkönigin Richeza, die das Land um die Stadt dem Bistum Köln übereignete. Später beherrschten erst Meranier, dann Henneberger die Stadt, 1331 erhielt sie Stadtrecht und Gerichtsbarkeit. Erst 1430 kam der Mohr ins Wappen der Stadt – er symbolisiert den heiligen Mauritius, der der Sage nach eine Legion aus christlichen Soldaten anführte. Mauritius und seine Männer weigerten sich, gegen die Christen zu ziehen und ließen sich für ihre Religion hinrichten. 1530 verbrachte Martin Luther ein halbes Jahr auf der Veste, was ihr zu einigen ruhmreichen Minuten in dem Hollywoodstreifen von 2003 ein-

= Autobahn = Landstraße = Straße = Bahnstreck

brachte. Bis in die Neuzeit blieb Coburg eigenständig, bis es sich nach dem Ersten Weltkrieg 1919 gegen Thüringen und damit für Bayern entschied. Nach dem Zweiten Weltkrieg war die Stadt damit von ihrem Hinterland abgeschnitten und somit Zonenrandgebiet. Mit HUK und Brose sprudeln heutzutage die Steuereinnahmen, und Coburg hat sich seinen etwas snobistischen Charme bewahrt – der rührt übrigens auch von der Verwandtschaft mit dem britischen Königshaus. Bekannt ist Coburg auch für seine Bratwurst, die einzige in Deutschland, bei der rohe Eier verwendet werden dürfen. Traditionell wird sie auf Kiefernzapfen im Feuer gebraten.

= Bahnhof

= Bierkeller auf Seite im Kreis

GPS: 50°14'38" N / 10°57'49" E

ALTES SCHÜTZENHAUS

Der Ausflugsklassiker am Coburger Stadtrand hat nun schon mehr als 100 Jahre auf dem Buckel. Heute zwar nicht mehr Heimat des Schützenvereins dafür aber auch viel junges Publikum bis hin zum Bikerstammtisch und sehr gute Küche mit regionalen Produkten (legendär das Walleressen – selbstgefangen vom Chef!). Der wunderschöne Biergarten und die kinderfreundliche Lage am Waldrand sowie Schlenkerla vom Fass perfektionieren das Angebot.

BIER:
Leikeim/Altenkunstadt: Pils, Hefe, Schwarzbier (alle vom Fass), Alkoholfreies. Schlenkerla/Bamberg: Rauchbier.

KÜCHE:
Fränkische Brotzeiten. Täglich große Karte mit warmen Gerichten. Spezialität: Pfefferhaxe.

GETRÄNKEPREIS:

PLÄTZE (FREI/REGENSICHER):
500/120

GUIDE-TIPP:
Waller-Essen (auf Anfrage), Pfefferhaxe

DB Coburg

KLEINOD IN WEICHENGEREUTH

ALTES SCHÜTZENHAUS
Weichengereuth 50
96450 Coburg
Tel.: 09561-83230
www.altes-schuetzenhaus-coburg.de

ÖFFNUNGSZEITEN
Täglich ab 6 Uhr
Kein Ruhetag

GPS: 50°15'36" N / 10°57'59" E

JOSIASGARTEN

Der Josiasgarten liegt am Theaterplatz mitten in Coburg, benannt ist er nach Prinz Friedrich Josias von Sachsen-Coburg-Saalfeld, dessen Statue auf dem Platz steht (die Einheimischen nennen ihn deswegen auch Josiasplatz). Der wackere Feldherr bewahrte Coburg in den Napoleonischen Kriegen vor der Plünderung. Den Biergarten hob Betreiber Gerd Reichenbecher erst 1992 in Form eines Probebetriebs aus der Taufe, die Coburger waren von Anfang an begeistert und so avancierte der Josiasgarten zum beliebtesten Outdoor-Treff der Stadt.

BIERZENTRALE MIT WLAN

BIER:
Coburger Brauerei: Pils (vom Fass). Scheidmantel/Coburg: Hefeweizen (vom Fass). Kapuziner/Kulmbach: Dunkles (vom Fass), alkoholfreies Pils.

KÜCHE:
Fränkische Brotzeiten. Täglich kleine Karte mit warmen Kleinigkeiten. Spezialitäten: Wurstsalat, Obatzter.

GETRÄNKEPREIS: 

PLÄTZE (FREI/REGENSICHER):
240/80

GUIDE-TIPP:
Wurstsalat

DB Coburg

JOSIASGARTEN
Theaterplatz 6
96450 Coburg
Tel.: 09561-66778
josiasgarten@web.de

ÖFFNUNGSZEITEN
Mo bis Sa ab 11 Uhr
So & Feiertage ab 14 Uhr
Kein Ruhetag

GPS: 50°15'52" N / 10°57'19" E

ED'S BRAUSTÜBLE

DER LIEBENSWÜRDIGSTE BIERGARTEN DER WELT

Hobbybrauer Ed (Edmund Sauerbrey) ist schon über 70 und sein Bräustüble nebst großem Biergarten (früher Brauerei Flinzberg – „Rizzibräu' sind ein Teil von ihm geworden. Mit vie Liebe und persönlichem Engagement betreibt er auch seine Kleinstbrauerei - der Haustrunk hat immer eine eigene Note und ist für 1,50 zu haben. Die zwei Variationen, die wir bisher testen durften, waren spitze! Kein Wunder, dass der überaus sympathische Ed eine richtige Fangemeinde hat, die bei jedem sommerlichen Sonnenstrahl zu Kultstätte, dem Biergarten mit den üb 100-jährigen Bäumen, pilgert.

BIER:
Löwenbräu/Buttenheim: Kellerbier (vom Fass).Veltins: Pils (vom Fass). Riedenburger: Hefeweißbier (vom Fass). Becks, Erdinger: Alkoholfreies.

KÜCHE:
Hausmacher Brotzeiten.
Immer 2-3 warme Gerichte.
Spezialitäten: hausgemachte Gulaschsuppe, Salzfleisch.

GETRÄNKEPREIS:

PLÄTZE (FREI/REGENSICHER):
300/60

GUIDE-TIPP:
Salzfleisch

DB Coburg

ED'S BRAUSTÜBLE
Adamistraße 2
96450 Coburg
Tel.: 09561-34580

ÖFFNUNGSZEITEN
Di bis Fr ab 16 Uhr
Mo, Sa, So & Feiertage geschlossen

GPS: 50°15'19" N / 10°57'54" E

CAFÉ ANDERS

ZWISCHEN DEN JAHREN

Nachdem die ehemalige Reichshalle (seit 1878) vor über 20 Jahren zum Jugend-Café wurde, sind die guten Jahre ein bisschen vorbei, aber die besten können noch kommen. Für den klaren Bedarf – Bier und Essen – eine gute Location, wenn es aber zum Beispiel um Familien geht, sollte man vorher mal vorbeischauen – der Kinderspielplatz ist wohl in unterschiedlicher Tagesform anzutreffen. Trotzdem: Das Anders ist ein Coburg-Klassiker und wird es auch bleiben – ein eingeschworenes Stammpublikum ist fast immer dort anzutreffen. Übrigens: Hier darf man seinen Kuchen zum Kaffee mitbringen!

CAFÉ ANDERS
Casimirstraße 3
96450 Coburg
Tel.: 09561-76423

ÖFFNUNGSZEITEN
Täglich ab 10.30 Uhr
Kein Ruhetag

BIER:
Paulaner: Pils, Kellerbier, Hefe dunkel, Hefe naturtrüb (alles vom Fass), Dunkles, Kristallweizen, Roggenbier, Rosenheimer Weizenbock, Alkoholfreies.

KÜCHE:
Brotzeiten und Salate. Täglich große Karte mit warmen Gerichten. Spezialitäten: Käsespätzle, Schinkennudeln, Spareribs.

GETRÄNKEPREIS:

PLÄTZE (FREI/REGENSICHER):
200/80

GUIDE-TIPP:
Spareribs

DB Coburg

GPS: 50°15'30.19"N / 10°57'59.84"E

LORELEY

DIE ALTE DAME

Das Coburger Traditionslokal datier bis ins Jahr 1600, als es erst Bäcke (Herrenbeck), dann fürstliche Trinkstube war. Mitte des 19. Jahrhunderts avancierte die Gaststätte zum Mittelpunkt de Künstlerszene, darunter auch die Gebrü Brückner. Vielleicht, weil gerade der nö Groschen fehlte, malten die beiden den Hausflur des Lokals mit einer Darstellun der „Schönen Maid vom Rhein" aus – da der Name Loreley. Bei der nötigen Kern nierung 1995 ging die Malerei allerding leider verloren, die Gäste auch. Es folgt ein weiterer Umbau 1999/2000. Der he tige Pächter Achim Stelzner betreibt da Paulaner-Lokal seit 2003 und setzt auf c Fortführung der erfolgreichen Geschich

BIER:
Paulaner/München: Pils, Dunkles, Helles, Kellerbier, helles Hefeweizen (alle vom Fass), dunkles Hefeweizen.

KÜCHE:
Fränkische Brotzeiten und Salate. Täglich große Karte mit warmen Gerichten. Spezialitäten: Original Coburger Klöße (selbstgemacht) zu fränkischen Braten, Coburger Krüstchen.

GETRÄNKEPREIS:

PLÄTZE (FREI/REGENSICHER):
70/110

GUIDE-TIPP:
Coburger Krüstchen

DB Coburg

LORELEY
Herrngasse 14
96450 Coburg
Tel.: 09561-235599
eMail: info@loreley-coburg.de
www.loreley-coburg.de

ÖFFNUNGSZEITEN
Täglich von 11 bis 14 Uhr
und ab 17.30 Uhr
Montag Ruhetag

GPS: 50°15'28" N / 10°57'57" E

THE HUNGRY HIGHLANDER

Die Daseinsberechtigung des Highlanders in diesem Buch ergibt sich einerseits aus dem historischen Innenhof eines der ältesten Gebäude Coburgs, andererseits aus dem breiten Bierangebot und der Liebe des Inhabers John Holmes zum fränkischen Gerstensaft. 2007 wird zum 10-jährigen Jubiläum der Wirtschaft sogar das Highlander-Jubiläumsbier (Brauerei Kaiserhof) gebraut. Der Glasgower kam übrigens der Liebe wegen nach Coburg – und ist seitdem nicht mehr wegzudenken. Der Biergarten ist beheizt!

EXOT MIT HINTERHOF

THE HUNGRY HIGHLANDER
Steingasse 11
96450 Coburg
Tel.: 09561-871542

ÖFFNUNGSZEITEN
Täglich von 11.30 bis 14.30 Uhr
und ab 18.30 Uhr
Kein Ruhetag

BIER:
Kaiserhof/Kronach: Lucas Cranach (dunkles Bier), Pils (beides vom Fass), Kellerbier, Schmäusbräu, Echt Kronacher Schwedentrunk, Hefeweizen hell und dunkel.

KÜCHE:
Keine kalten Gerichte. Täglich große Karte mit warmen Gerichten. Spezialitäten: Indische Currys, Tortilla-Wraps.

GETRÄNKEPREIS: 🍺

PLÄTZE (FREI/REGENSICHER):
50/80

GUIDE-TIPP:
Steaknacht am Montag

DB Coburg 🚶

Samba-Fest Coburg

Es waren einmal drei Freunde, die hatten eine Idee. So könnten viele Geschichten beginnen, manche tun es auch. So zum Beispiel die des Sambafestes in Coburg.

Rolf Beyersdorf, Michael Häfner und Christof Pilarzyk hatten vor knapp 20 Jahren die Idee zu brasilianischen Rhythmen in der Residenzstadt.

Anfangs organisierte das Trio noch vom Wohnzimmertisch aus, doch der große Erfolg brachte die Entwicklung bis zur Sambaco GmbH, bei der 30 Personen quasi das gesamte Jahr damit beschäftigt sind, die besonderen tollen Tage vorzubereiten.

Mittlerweile veranstaltet die Sambaco das größte Samba-Festival außerhalb Brasiliens und zieht an die 200000 Besucher an. Die gesamte Innenstadt ist am zweiten Freitag im Juli ein Meer von tanzenden und/oder trommelnden Menschen aus aller Herren Länder. Den Coburgern ringt das Spektakel mitunter einiges an Toleranz ab. Nicht zuletzt, weil große Teile der Innenstadt nur mit dem entsprechenden Tagesbändchen (gegen Gebühr) zu betreten sind. Ähnlich wie bei der Bamberger Sandkerwa bildeten sich zwei Fraktionen: Die einen fahren genervt für ein verlängertes Wochenende in einen Kurzurlaub, die anderen stürzen sich begeistert ins Getümmel und genießen den Rummel in der

Kleinstadt. Das 15. Sambafest im letzten Jahr brachte Coburg zudem noch einen Weltrekord: Mit 2858 Sambistas, die gleichzeitig einen extra komponierten Samba-Reggae intonierten, schuf man die größte Samba-Bateria der Welt. Dies zeigte wieder einmal eindrucksvoll die große Anziehungskraft der Veranstaltung auch für die Künstler. Menschen aus aller Welt, von Norwegen bis Brasilien, übernachten in den Schulturnhallen und anderen Behelfsunterkünften Coburgs. Allein für das tägliche Frühstück der Mitwirkenden werden 13000 Brötchen, 1000 Brotlaibe, 100 kg Käse und 90 kg Wurst benötigt. Hunger haben allerdings auch die Besucher, denen von Bratwurst bis Cocktail, von brasilianischem Nationalgericht Feijoada (Trockenfleisch, Würstchen, Speck und schwarze Bohnen) bis zum knackigen Fruchtspieß auch eine Menge geboten wird. Erleben Sie Coburg von seiner weltoffenen Seite – 2007 vom 13. bis 15. Juli.

GPS: 50°15'31" N / 10°57'55" E

GOLDENES KREUZ

ÄLTER ALS AMERIKA

BIER:
Hartmann/Würgau: Kreuztrunk, Hefe, Pils (alle vom Fass), Dunkles, leichtes Weizen. Brauhaus Schweinfurt: Alkoholfreies.

KÜCHE:
Fränkische Brotzeiten. Täglich mittelgroße Karte mit warmen Gerichten. Spezialitäten: Ochsenlende, Schäuferla mit Coburger Klößen und Krautsalat.

GETRÄNKEPREIS:

PLÄTZE (FREI/REGENSICHER):
80/110

GUIDE-TIPP:
Gedöns (Bratwurst, Bratkartoffeln und Spiegelei)

DB Coburg

Zumindest für Europäer – das Gebäude datiert aus dem Jahr 147 und ist damit eines der ältesten in ganz Coburg. Der Thüringer Herzog verlieh einst das Schankrecht, als Kaufleute und Fuhrknechte die Hauptkundschaft des Hauses stellten. Später war es auch Heimat der Reichspost und gilt heute a ältestes Gasthaus der Stadt. Die letzte der vielen Renovierungen endete 2005 mit der Wiedereröffnung. Seitdem geh es steil bergauf am Coburger Marktplat – und im Biergarten dahinter.

GASTHAUS GOLDENES KREUZ
Herrngasse 1
96450 Coburg
Tel.: 09561-513407
eMail: info@goldenes-kreuz-coburg.de
www.goldenes-kreuz-coburg.de

ÖFFNUNGSZEITEN
Täglich ab 11 Uhr
Kein Ruhetag

GPS: 50°16'25" N / 10°59'53" E

HEXENHÄUSLE

KLEINGARTEN-BIERGARTEN

An die hundert Parzellen zählt der Kleingärtnerverein der umliegenden Kolonie, an deren oberem Ende seit etwa 50 Jahren das Hexenhäusle steht. Edeltraud Kettner und Sohn Alexander Koch führen das Kleinod mit viel Hingabe und vor allem Familiensinn. Ein wirklich riesiger Spielplatz auf eigener Terrasse, viele Kindergerichte und regelmäßige Benefizaktionen – zusätzlich jeden Monat gratis Wienerle mit Brötchen für einen anderen Kindergarten der Umgebung – soviel Engagement muss unterstützt werden – große Überredungskünste werden aber nicht benötigt – es schmeckt auch den Großen!

HEXENHÄUSLE
Cortendorfer Straße 30
96450 Coburg
Tel.: 09561-790486
www.hexenhaeusle-coburg.de

ÖFFNUNGSZEITEN
Täglich ab 10 Uhr
Montag Ruhetag

BIER:
Weismainer: Pils, Hefeweizen (beide vom Fass), Kellertrunk, Landbier. Erdinger: Dunkles Hefeweizen. Maisel/Bayreuth: Kristallweizen. Reifbräu: Alkoholfreies.

KÜCHE:
Fränkische Brotzeiten. Täglich große Karte mit warmen Gerichten.Spezialität: Hexenschnitzel, Kinderspeisen.

GETRÄNKEPREIS:

PLÄTZE (FREI/REGENSICHER):
150/200

GUIDE-TIPP:
Hexenschnitzel, Bratkartoffeln

DB Coburg

GPS: 50°15'54" N / 10°59'07" E

Hotel Festungshof

Im Gegensatz zur Burgschänke ist der Festungshof-Biergarten für den Normaltouristen nicht auf den ersten Blick zu erkennen. Wie die Burgschänke ist allerdings auch dieser Biertempel in bayerischer Hand – es gibt Paulaner. Doch de München-Touch hat auch seine guten Seiten, schließlich sind die saftigen Haxn und ofenfrischen Brezen ein Hochgenuss. Wäre es übrigens nach dem Willen der Bayern gegangen, gäbe es den Festungshof seit 1978 gar nicht mehr – doch Coburger Stadtverwaltung und Bevölkerung erreichten 1992 die Wiedereröffnun

GUT VERSTECKT

BIER:
Paulaner/München: Helles, Dunkles, Hefe (alle vom Fass), Kellerbier, Alkoholfreies Hefe, Alkoholfreies Bier.

KÜCHE:
Fränkische Brotzeiten. Täglich kleine Karte mit warmen Gerichten. Spezialitäten: Coburger Bratwürste, Weißer Käse.

GETRÄNKEPREIS:

PLÄTZE (FREI/REGENSICHER):
150/90

GUIDE-TIPP:
Haxn, Grillhähnchen

DB Coburg

HOTEL FESTUNGSHOF
Festungshof 1
96450 Coburg
Tel.: 09561-80290
eMail: info@festungshof.de
www.hotel-festungshof.de

ÖFFNUNGSZEITEN
Täglich ab 17 Uhr
Kein Ruhetag
Bei schlechtem Wetter geschlossen

GPS: 50°15'49" N / 10°58'56" E

Burgschänke Veste Coburg

Bier hinter Festungsmauern

Dass Franken zu Bayern gehört, merkt man spätestens, wenn man den Weg zur Veste Coburg emporläuft – und dann die blauen Hofbräuhaus-Schirme hinter den Zinnen erspäht. Seit 1982 führt Familie Ubrig die Burgschänke, von deren Terrasse aus man einen atemberaubenden Blick in das südliche Itztal bis nach Kloster Banz hat. Für Hartgesottene gibt's auf Anfrage ein echtes Ritteressen, und auch sonst gilt die strenge Festungsordung, nach der zum Beispiel zu eifrige Trinker auf einer Kuhhaut aus dem Saal geschleift werden sollen. Besonders romantisch ist es hier auf der Terrasse am Abend, wenn die Burg beleuchtet ist.

BIER:
Hofbräu/München: Original, Pils, Hefe, Dunkel (alle vom Fass), Alkoholfreies.

KÜCHE:
Hausmacher Brotzeiten. Täglich große Karte mit warmen Gerichten. Spezialitäten: Ritteressen (auf Vorbestellung), Salate.

GETRÄNKEPREIS:

PLÄTZE (FREI/REGENSICHER):
300/150

GUIDE-TIPP:
Ritteressen (auf Vorbestellung)

BURGSCHÄNKE VESTE COBURG
Veste Coburg 1b
96450 Coburg
Tel.: 09561-80980
www.burgschaenke-vestecoburg.de

ÖFFNUNGSZEITEN
Täglich ab 9.30 Uhr
Mai bis Okt kein Ruhetag
Nov bis Apr Mo Ruhetag

DB Coburg

GPS: 50°17'15" N / 11°01'48" E

BIERGARTEN DOMÄNE

FEIERABENDBIER GARANTIERT!

BIER:
Grosch/Rödental: Pils, Fuhrmannstrunk (beide vom Fass), Hefeweizen, Malztrunk.Claustaler: Alkoholfreies.

KÜCHE:
Hausmacher Brotzeiten. Warmes Essen: Wiener, Weißwürste, Bratwürste. Spezialitäten: fränkische Weißwurst, Vesperplatte, Holzofenbrot.

GETRÄNKEPREIS:

PLÄTZE (FREI/REGENSICHER):
250/80

GUIDE-TIPP:
Rohmilcheis in allen Sorten

DB Rödental

OVF 8311 + 8312 Rödental Bahnhofsplatz

Das gibt's auch nur einmal in Franken: Im städtischen Bauhof (Arbeitszeitende 16 Uhr) existiert seit fünf Jahren ein Biergarten (Öffnungsze ab 16 Uhr). Entstanden ist das aus der Idee von Uwe Schneider, der – damals arbeitslos – im Rekordsommer 2003 ei nen Probelauf mit dem Biergarten in d Domäne starten durfte. Und der Erfol hält an – zurecht, schließlich stammer alle Angebote aus der Region, sogar e Rohmilcheis kann genossen werden, dem sämtliche Italiener ihre Staatsbür gerschaft anzweifeln würden.

BIERGARTEN DOMÄNE
Kronacher Straße 2
96472 Rödental
Tel.: 09563-208186
www.biergarten-domaene.de

ÖFFNUNGSZEITEN
Mo bis Fr ab 16 Uhr
Sa, So & Feiertage ab 14 Uhr
Kein Ruhetag
Bei schlechtem Wetter geschlossen

GPS: 50°17'18" N / 11°01'47"E

GASTHOF-HOTEL-BRAUEREI GROSCH

FÜR BIERKENNER

Der Brauereigasthof Grosch steht für die fränkische Familienbrauerei schlechthin. Seit 515 Jahren braut man hier das Bier nach alter Tradition (Besichtigungen und Bierprobe sind auf Anfrage täglich möglich). Für echte Männer gibt es den Fuhrmanns-Trunk, ein malziges, süffiges Märzen. Sehr fein auch das Zwickel. Ganz neu (und von uns noch nicht getestet): Der Luther-Trunk, ein unfiltriertes Bio-Bier vom Fass. Übrigens kann man hier schon Thüringer Klöße (aus rohen Kartoffeln) kosten, deren Zubereitung ein kleines Kunststück sein soll.

GASTHOF-HOTEL-BRAUEREI GROSCH

Oeslauer Straße 115
96472 Rödental
Tel.: 09563-7500
eMail: groschbier@aol.com
www.braugasthof-grosch.de

ÖFFNUNGSZEITEN

Täglich ab 11 Uhr
Kein Ruhetag

BIER:
Eigene Brauerei: Pils, Fuhrmanns-Trunk (dunkles), Zwickl, Helles Hefe, Erntebier (Apr bis Sep), Bock (Okt bis März) (alle vom Fass). Neu: Luther-Trunk (unfiltriertes Bio-Bier, vom Fass).

KÜCHE:
Hausmacher Brotzeiten. Täglich große Karte mit warmen Gerichten. Spezialitäten: Thüringer Klöße mit Braten und Original-Soßen, Bierleberle.

GETRÄNKEPREIS:

PLÄTZE (FREI/REGENSICHER):
60/200

GUIDE-TIPP:
Bierleberle

DB Rödental

OVF 8311 + 8312 Rödental Bahnhofsplatz

GPS: 50°11'56" N / 10°57'28" E

DIE WEIDENMÜHLE

MITTEN IN DER MÜHLE

Geht man in die Weidenmühle, betritt man eine andere Welt. Kunst- und geschmackvoll entstand in der ehemaligen Mühle aus dem Jahr 1220 (oder früher) ein Restaurant auf zwei Etagen und im Gärtchen dahinte ein heimeliger Garten, in dem man dem Klappern des Mühlrades und den Rauschen des Baches noch lauschen kann. Mit dabei eine kleine Bäckerei n altdeutschem Gewölbebackofen. Das Holzofenbrot ist das beste der Region. Der dafür verwendete Natursauerteig dürfte eines der ältesten Haustiere Deutschlands sein - er ist mehrere hundert Jahre alt. Für Mystikfans: Hie sind die Totenlachen, nähere Infos be der Redaktion ...

BIER:
St. Georgen Bräu/Buttenheim: Kellerbier (vom Fass). Leikeim: Premium Pils (vom Fass), Hefeweizen, Dunkles, Helles. Erdinger: Kristallweizen, Alkoholfreies. Clausthaler: Alkoholfreies.

KÜCHE:
Fränkische Brotzeiten und gehobene Küche. Täglich große Karte mit warmen Gerichten. Spezialitäten: Internationale Küche mit fränkischem Touch.

GETRÄNKEPREIS:

PLÄTZE (FREI/REGENSICHER):
80/85

GUIDE-TIPP:
Kartoffelsuppe im Brotlaib

OVF 8319 Scherneck Kirche

DIE WEIDENMÜHLE
Hirtengasse 24
96253 Untersiemau/OT Scherneck
Tel.: 09565-1002
eMail: krose@weidenmuehle-scherne

ÖFFNUNGSZEITEN
Täglich ab 11 Uhr
Montag Ruhetag

GPS: 50°11'13" N / 10°50'30" E

Restaurant & Café Altstadthof

Der Altstadthof im Seßlacher Südwesten ist so, wie ein fränkischer Biergarten sein sollte: rustikal und bunt bepflanzt, nicht zu groß, einfach ein Ort des geselligen Beisammenseins. Inhaber Heinrich Pornschlegel kauft die Brotzeit-Zutaten noch selbst auf dem Bauernmarkt. Vor 15 Jahren hatte er die Wahl – Aussiedlerhof oder Gastronomie. Glücklicherweise wurde der Altstadthof draus. Und Sohn Raphael sorgt als Koch bereits für Kontinuität.

BROTZEIT VOM BAUERNMARKT

RESTAURANT & CAFÉ ALTSTADTHOF
Flenderstraße 39
96145 Seßlach
Tel.: 09569-1432
Fax: 09569-1425
eMail: info@altstadt-hof.de
www.altstadt-hof.de

ÖFFNUNGSZEITEN
Täglich ab 9 Uhr
Montag Ruhetag

BIER:
Eller/Birkach am Forst: Helles (vom Fass). Pülsbräu/Weismain: Altfränkischer Kellertrunk, Hefe (beide vom Fass). Löwenbräu/München: Alkoholfreies.

KÜCHE:
Fränkische Brotzeiten und Salatteller. Täglich große Karte mit warmen Gerichten. Spezialitäten: Fränkische Küche.

GETRÄNKEPREIS:

PLÄTZE (FREI/REGENSICHER):
70/80

GUIDE-TIPP:
Verschiedene fränkische Braten

OVF 8301 + 8302 Seßlach Schule

GPS: 50°11'15" N / 10°50'33" E

GASTHOF REINWAND

AN DER BIER-PIPELINE

Im schönen altfränkischen Seßlach gibt es eine besondere Biertradition: Im Kommunbräuhaus entsteht das Bier für die Gasthäuser und Hausbrauer, die jeden Fasstag ihre Ration abholen können. Für den Großabnehmer Reinwand wurde eine Pipeline verlegt, durch die der Saft den Weg in die durstigen Kehlen findet. Seit der Gründung 1640 befindet sich das Gasthaus im Familienbesitz. Vor dem Haus auf dem malerischen Maximiliansplatz bilden Biergarnituren einen kleinen gemütlichen Biergarten.

BIER:
Eigene Brauerei: Hausbräu, Bockbier (saisonal) (beides vom Fass). Jever, Sturm´s, Warsteiner: Pils. Spaten: Helles, Diät, Kristallweizen. Franziskaner, Erdinger: Hefe.

KÜCHE:
Hausmacher Brotzeiten.
Täglich mittelgroße Karte mit warmen Gerichten. Spezialitäten: Sülze, Kümmelbraten, Seßlacher Pfannenschnitzel.

GETRÄNKEPREIS:

PLÄTZE (FREI/REGENSICHER):
60/80

GUIDE-TIPP:
Seßlacher Pfannenschnitzel

OVF 8301 + 8302 Seßlach Schule

GASTHOF REINWAND
Maximiliansplatz 99
96145 Seßlach
Tel.: 09569-304
www.gasthof-reinwand.de

ÖFFNUNGSZEITEN
Täglich ab 9 Uhr
Mittwoch Ruhetag

GPS: 50°11'14" N / 10°50'33" E

LANDGASTHOF „ROTER OCHSE"

So nannte man um 1620 den heutigen Roten Ochsen – der Name hat sich geändert, die Nutzung ist geblieben: Das süffige Seßlacher Hausbräu (Kommunbrauerei) lockt Biergenießer aus einem weiten Umfeld an. Highlight im Ochsen: der Biergarten im Innenhof. Historisches Fachwerk, jede Menge Blumen und Blüten und ein kleiner Spielplatz schaffen ein Ensemble, das allen Bedürfnissen gerecht wird.

DIE SCHENKSTATT

LANDGASTHOF „ROTER OCHSE"
Flenderstraße 95
96145 Seßlach
Tel.: 09569-1220
www.roter-ochse-sesslach.de

ÖFFNUNGSZEITEN
Täglich von 11 bis 14 Uhr und von 16.30 bis 24 Uhr
Mo & Do Ruhetag

BIER:
Seßlacher Kommunbrauhaus: Original Seßlacher Hausbrauerbier (vom Fass). Würzburger Hofbräu: Dunkles (vom Fass). Wernerbräu/ Poppenhausen: Pils (vom Fass).

KÜCHE:
Hausmacher Brotzeiten und Salatteller.Täglich mittelgroße Karte mit warmen Gerichten. Spezialitäten: Schäuferle, Ente, Rindfleisch mit Merrettich, Saisongerichte.

GETRÄNKEPREIS:

PLÄTZE (FREI/REGENSICHER):
150/75

GUIDE-TIPP:
Ente mit Blaukraut und Coburger Klößen

OVF 8301 + 8302 Seßlach Schule

Schlossplatz Coburg

Kulmbach Stadt & Land

Der Name der Stadt rührt von der Bezeichnung für einen kleinen Bach, der später durch ein Missverständnis in Kohlenbach umgetauft wurde.

Um 1030 erstmals erwähnt, wuchs die Siedlung schnell und erhielt Anfang des zwölften Jahrhunderts mit der Plassenburg, in deren heute erhaltenen späteren Version, eine mächtige Festung, in der das größte Zinnfigurenmuseum der Welt beheimatet ist.

Um 1550 legte man sich mit Bamberg, Würzburg und Nürnberg an, was die Plünderung der Stadt und Zerstörung der Burg nach sich zog. Die zahlreichen

= Autobahn = Landstraße = Straße = Bahnstrec

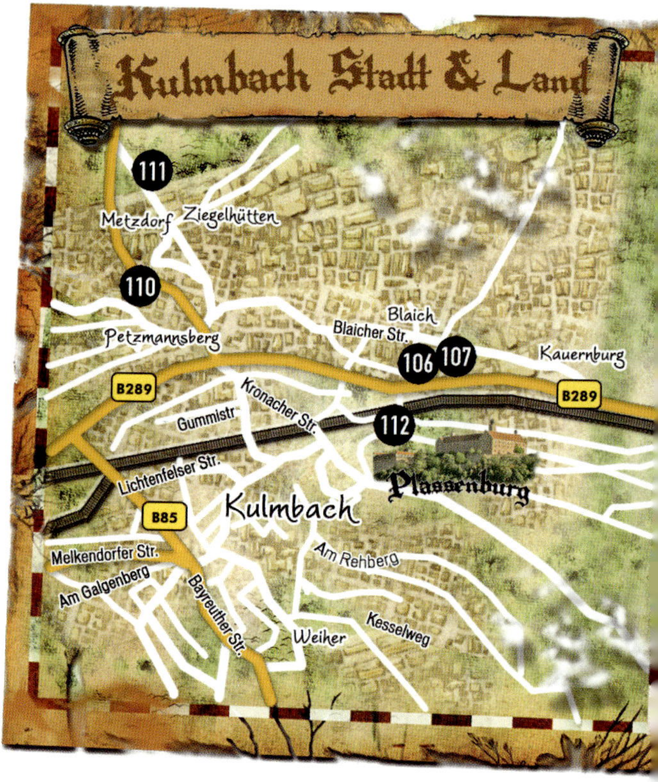

Brauereien der Stadt finden sich heute unter einem Dach vereinigt – der Kulmbacher Brauerei AG (ausgenommen das Kommunbräuhaus). Die ist allerdings sehr um die regionale Kultur bemüht und engagiert sich bei vielen Veranstaltungen und Projekten. Jahrelang galt das EKU 28 als stärkstes Bier der Welt. Mittlerweile hat es den Titel sogar schon in Deutschland eingebüßt.

Eine weitere Spezialität Kulmbachs ist die Kulmbacher Bratwurst, die sich durch einen höheren Kalbfleischanteil von den anderen abhebt. Das dazu passende Brötchen wird leicht mit Anis gewürzt.

= Bahnhof ● = Bierkeller auf Seite im Kreis

Die Schatzkiste der Bierkultur

Auf dem Mönchshof-Gelände findet sich neben dem Pracht-Biergarten auch noch ein weiteres bedeutendes Stück Bierkultur: Das Bayerische Brauereimuseum.

Ähnlich wie das Bamberger Pendant entstand auch dieses Museum aus privater Initiative und wird auch heute noch – 13 Jahre nach der Eröffnung – von einem Verein betrieben. In den ehemaligen Möchshof-Gebäuden konnte eine perfekte Symbiose von didaktischen Elementen und Anschauungsobjekten am Original-Schauplatz geschaffen werden. Auf dem Rundgang kommt man zum Beispiel am alten Sudhaus, den Kraftwerksanlagen oder der Kühlung vorbei und hat somit einen direkten Einblick in die Braugeschichte.

Besuchern winkt am Ende der abwechslungsreichen Besichtigung ein Gratis-Glas Museumsbier, das hier vor Ort gebraut und im Biergarten gegenüber ausgeschenkt wird. Den Brauvorgang kann man komplett live erleben, da einerseits jede Woche gebraut wird und andererseits die gesamte Kleinbrauerei zu besichtigen ist. Sogar in die Sudkessel kann man dank gläserner Wände schauen.

Öffnungszeiten:

Mai-Okt: Di-Fr 10.00-17.00,
Sa & So 9.00-17.00
Nov-Apr: Di-So 10.00-17.00

WWW.BAYERISCHES-BRAUEREIMUSEUM

GPS: 50°06'57" N / 11°28'13" E

MÖNCHSHOF BRÄUHAUS

MIT HÜTTCHEN UND PAVILLON

Flüssiges bricht bekanntlich das Fasten nicht, weswegen die Mönche schnell aus der Not eine Tugend machten und zu Meistern der Braukunst avancierten. Der Kulmbacher Mönchshof kann auf über 600 Jahre Brautradition zurückblicken, später erfolgte erst die Übername durch EKU, dann durch die Kulmbacher AG. Heute beherbergt das Gelände unter anderem das Bayerische Brauereimuseum und den riesigen Mönchshof-Biergarten. Man braut zwei sehr feine und beliebte eigene Biere in der kleinen Museums-Brauerei. Für die Brotzeiten wurde eigens ein Casting potentieller Leckereien aus dem Umland durchgeführt – Gaumenschmaus garantiert!

BIER:
Eigene Brauerei: Museumsbier (unfiltriertes Export), Gartenweizen (beide vom Fass). Kulmbacher Brauerei: Mönchshof Original, Kapuzinerweizen (beide vom Fass).

KÜCHE:
Fränkische Brotzeiten. Täglich mittelgroße Karte mit warmen Gerichten. Spezialitäten: Kulmbacher Bierfleisch, Kulmbacher Pfefferhaxen, Braumeisterbrotzeit, kalter Zwiebelbraten.

GETRÄNKEPREIS:

PLÄTZE (FREI/REGENSICHER):
1000/500

GUIDE-TIPP:
Kulmbacher Bratwurstpfännchen

DB Kulmbach

OVF OVF 8351/8352/8353/8355/8358 Kulmbach Blaich

MÖNCHSHOF BRÄUHAUS
Hofer Straße 20
95326 Kulmbach
Tel.: 09221-80514
EMail: kulmbacher-moenchshof@kulmbacher.de

ÖFFNUNGSZEITEN
Di bis So ab 10 Uhr
Montag Ruhetag
Bei schlechtem Wetter geschlossen

Kulmbacher Bierwoche

Kulmbach nimmt für sich den Titel „heimliche Hauptstadt des Bieres“ in Anspruch - teils zu recht. Steht doch sogar im Duden: „Kulmbacher, das;-s (ein Bier)“.

Der Ruf fußt auf den alten Tagen vor mehr als 100 Jahren, als Kulmbach noch mit C geschrieben wurde. Bereits damals war das Bier ein Exportschlager: 733000 Hektoliter gingen im Jahr 1900 in alle Welt. In der namibischen Wüste werden heute noch Flaschen aus dieser Zeit gefunden. Diese Tradition muss gefeiert werden: in der Bierwoche.

An jedem letzten Samstag im Juli vollzieht sich in der Bierstadt Kulmbach ein „heiliger Akt“: Der Oberbürgermeister der Stadt Kulmbach bringt mit gezielten Hammerschlägen das Festbier zum Fließen – neun Tage lang versetzt die Kulmbacher Bierwoche die Markgrafenstadt am Fuße der Plassenburg in einen fröhlichen Ausnahmezustand. Und mehr als 100000 Gäste feiern mit.

Ziel aller Bierfreunde ist der legendäre Kulmbacher Bierstadl im Herzen der Stadt, wo ein Top-Programm geboten wird. Heimische Musikvereine sorgen

bereits ab Mittag für Feierlaune im Stadl, während am Abend bekannte Stimmungskapellen das Zelt zum Beben bringen. Ein besonderer Höhepunkt ist der „Tag der Fanclubs" am ersten Bierfestsonntag: Hier ziehen Freunde des Kulmbacher Biers aus ganz Deutschland in einem Festzug mit originellen Wagen durch die Kulmbacher Innenstadt zum Kulmbacher Bierstadl, wo die schönsten Gefährten und Standarten prämiert werden.

Vor dem Rathaus stehen dann wie eh und je die vier Prunkfässer der Brauereien Sandler, EKU, Mönchshof und Reichel. Das erste Bierfest überhaupt fand im Jahre 1939 vom 29. Juli bis 6. August statt. Von allen Seiten wurde damals bestaunt, dass vier konkurrierende Brauereien gemeinsam in einem Zelt jeweils ihr eigenes Festbier ausschenkten. Heute firmieren die Biere alle unter einem Dach (Sandler gibt es nicht mehr), dennoch freuen sich die Bierfans auf die eigens gebrauten Spezialitäten: Kulmbacher Festbier, Mönchshof-Festbier und EKU-Festbier. Die Rolle des vierten Bieres spielt heute die Kapuziner Weiße.

GPS: 50°07'08" N / 11°26'12" E

LANDHOTEL-WIRTSHAUS SCHWÄRZHOF

Der Schwärzhof ist ein 200 Jahre alter umgebauter Bauernhof mit einer Pferd zucht (reinrassige ägyptische Araber) und einem Wirtshaus mit Biergarten. Grunde steht hier alles im Zeichen der Pferde – sie können im Hotel übernachten, und manchmal nimmt Inhaber Gunter Bayer sogar mal einen Hengst mit zum Bie und den Gästen. Diese sind - vor allem nach Feiern – oft so begeistert, dass sie gleich für's nächste Mal reservieren.

BIER:
Kommunbräu Kulmbach: Helles (ungespundetes) (vom Fass). Kulmbacher Brauerei: Pils (vom Fass). Schlenkerla: Rauchbier.

KÜCHE:
Fränkische Brotzeiten. Täglich kleine Karte mit warmen Gerichten. Spezialitäten: Rippla mit Kraut und Klößen, Schlachtschüssel.

GETRÄNKEPREIS:

PLÄTZE (FREI/REGENSICHER):
150/60

GUIDE-TIPP:
Rippla mit Kraut und Klößen

DB Kulmbach

BIERCHEN AUF DEM PFERDEH

LANDHOTEL-WIRTSHAUS SCHWÄRZHOF
Am Gründlein a. d. Leithen 1
95326 Kulmbach-Metzdorf
Tel.: 0172-9196990 oder
09221-877315
eMail: gunter.bayer@schwaerzhof.de
www.schwaerzhof.de

ÖFFNUNGSZEITEN
Täglich ab 17 Uhr
Mai bis Sep bei schönem Wetter ab 14 Uhr, Samstag Ruhetag

GPS: 50°07'31" N / 11°26'12" E

SCHWEIZERHOF

KULMBACH-KLASSIKER

Seit über 100 Jahren pilgern die Kulmbacher in den Stadtteil Ziegelhütten, wo die Welt noch ein bisschen mehr in Ordnung ist, als auf der anderen Seite der B 289. Dort steht der Schweizerhof mit seinem weißen Zäunchen und den großen Linden dahinter. Eigentümer Wolfgang Zettner steht meistens selbst in der Küche, wo er einer breiten Speisenpalette zum feinem Geschmack verhilft. Zu Trinken gibt's – natürlich – Kulmbacher, frisch vom Fass.

BIER:
Kulmbacher Brauerei: Pils, Kellerbier, Hefeweißbier (alle vom Fass), Alkoholfreies.

KÜCHE:
Hausmacher Brotzeiten und Salate. Täglich große Karte mit warmen Gerichten. Spezialitäten: Pfefferhaxe, gegrillte Haxe.

GETRÄNKEPREIS:

PLÄTZE (FREI/REGENSICHER):
100/20

GUIDE-TIPP:
Pfefferhaxe

SCHWEIZERHOF
Ziegelhüttener Straße 38
95326 Kulmbach
Tel.: 09221-92830
www.schweizerhof-kulmbach.de

ÖFFNUNGSZEITEN
Täglich ab 9 Uhr
Mittwoch Ruhetag

DB Kulmbach
OVF 8354 Kulmbach Ziegelhütten

GPS: 50°06'38" N / 11°27'46" E

KULMBACHER KOMMUNBRÄU

EULEN NACH ATHEN?!

Eine Brauerei in der selbsternannten Bierhauptstadt zu gründen – dazu gehört Mut. Doch die Idee – am Stammtisch geboren – reifte, und vier Jahre nach Gründung der Genossenschaft konnten die Anteilseigner den ersten eigenen Gerstensaft probieren. Das

war 1994 und seitdem sind es über 400 Genossenschafter, die mit ihrem Einsatz die kleine Braustätte im Herzen der Bierwelt am Leben erhalten. An Ideen mangelt es übrigens auch nach mehr als zehn Jahren nicht: Innovativ und kreativ lesen sich in der Hauszeitung „Milchbänkla" aktuelle News und Angebote. Ach ja: Es gibt jeden Monat ein wechselndes Bier: Anstich ist am ersten Mittwoch im Monat, dann gibt's „a Gratis-Versucherla".

BIER:
Eigene Brauerei: Helles, Bernstein (beide vom Fass), jeden Monat ein wechselndes Bier. Kulmbacher: Alkoholfreies.

KÜCHE:
Fränkische Brotzeiten. Täglich große Karte mit warmen Gerichten. Spezialitäten: Kulmbacher Bierzwiebel, Schwarzfleisch mit Klößen.

GETRÄNKEPREIS:

PLÄTZE (FREI/REGENSICHER):
100/150

GUIDE-TIPP:
Schwarzfleisch mit Klößen

DB Kulmbach

OVF OVF 8351/8352/8353/8355/8358 Kulmbach Blaich

KULMBACHER KOMMUBRÄU
Grünwehr 17
95326 Kulmbach
Tel.: 09221-84490
eMail: p-stuebinger@gmx.de
www.kommunbraeu.de

ÖFFNUNGSZEITEN
Täglich ab 10 Uhr
Kein Ruhetag

Bierland Oberfranken

Der Regierungsbezirk Oberfranken hält den schönsten Weltrekord der Welt: er hat mit insgesamt 200 Brauereien die mit Abstand höchste Brauereidichte – auf eine Brauerei kommen in Oberfranken im Durchschnitt 5511 Personen. .

Damit verbunden ist eine Biervielfalt und Bierkultur, die weltweit einmalig ist. Über 1000 verschiedene Biere sind es, die alleine hier gebraut werden. Wenn Sie jeden Tag ein anderes oberfränkisches Bier trinken würden, hätten Sie erst nach 3 Jahren alle durchprobiert! Dazu kommen ja noch die vielen Biergärten und Bierkeller, urige Wirtshäuser, Kirchweihen und Volksfeste, eine wunderschöne Landschaft und das gute und vielfältige fränkische Essen. Unter dem Label Bierland Oberfranken haben sich mehr als 180 oberfränkische Brauereien zusammengeschlossen, um die Brauereivielfalt und die Bierkultur in Oberfranken zu fördern sowie überregional und international bekannt zu machen. Bierland Oberfranken führt publikumswirksame Aktionen durch (hat auch schon einmal eine Ladung Bier nach Hawaii geschickt), organisiert Messeauftritte und Kooperationen zwischen den Brauereien und unterhält ein eigenes, in sieben Sprachen übersetztes Internetportal www.bierland-oberfranken.de. Dort finden sich neben inzwischen 120 Brauereiportraits, 50 verschiedene Tourenvorschläge für Brauereiwanderungen zu Fuß oder mit dem Fahrrad und viele touristische Informationen über das Bierland Oberfranken.

Kontakt:
Bierland Oberfranken e.V.
co / HWK für Oberfranken
Kerschensteinerstraße 7, 95448 Bayreuth,
Tel. 0921 / 910 - 139, Fax. -910 - 45 139

WWW.BIERLAND-OBERFRANKEN.DE

GPS: 50°00'44" N / 11°29'49" E

BRAUEREI-GASTHOF SCHNUPP

DA, WO DER STORCH WOHNT

Dass der Storch die Kinder bringt wissen wir, seine Wohnung aber findet man eher selten. Ein Storchenpaar hat sein Zuhause bei Familie Schnupp aufgeschlagen und auch schon drei Kinder vorbeigebrach Zum Dank richtet man jährlich ein Storchenfest aus (22. Juli). Doch auße dem Storch gibt's auch noch andere Attraktionen, zum Beispiel das „Lecke le" (Lendchen in Apfelsoße) mit hausgebranntem Apfelbrand und das in diesem Jahr wiedereröffnete Bierstüb im historischen Brauereigebäude.

BIER:
Eigene Brauerei: Vollbier, Edelpils, Altfränkisch Dunkel (alle vom Fass), Märzen Festbier, Storchen leicht, Doppelbock (saisonal).

KÜCHE:
Fränkische Brotzeiten. Täglich große Karte mit warmen Gerichten. Spezialitäten: Drossenfelder Leckerle, Forelle blau oder gebacken.

GETRÄNKEPREIS:

PLÄTZE (FREI/REGENSICHER):
50/125

GUIDE-TIPP:
Drossenfelder Leckerle

OVF 8354 Altdrossenfeld

BRAUEREI-GASTHOF SCHN
Altdrossenfeld 8
95512 Neudrossenfeld
Tel.: 09203-9920
eMail: info@brauereigasthof-schnupp
www.brauereigasthof-schnupp.de

ÖFFNUNGSZEITEN
Täglich ab 7 Uhr geöffnet
Freitag Ruhetag
Mitte Juli bis Ende Aug kein Ruhetag

GPS: 49°59'49" N / 11°28'53" E

Gaststätte-Pension Waldeslust

Man darf gespannt sein, was nach dem zum Jahreswechsel erfolgten Umbau herausgekommen ist; Neupächterin Monika Michel hat die Gaststätte Jöslein eben erst von Heidi Bayreuther übernommen. Der kleine Ort Jöslein liegt am Rotmainweg, der von der Quelle bei Bayreuth bis zum Zusammenfluss bei Kulmbach führt. Demenstprechend trifft man viele Wanderer und Radfahrer, die gerne Station machen und ein oder zwei Schälchen Gulasch tanken.

Gulasch am Roten Main

BIER:
Schnupp/Altdrossenfeld: Pils, Altfränkisch (beide vom Fass), Storchen leicht. Maisel/Bamberg: Maisels Weiße. Falter/Hof: Hefeweißbier, Weißbier.

KÜCHE:
Fränkische Brotzeiten. Täglich kleine Karte mit warmen Gerichten. Spezialitäten: Brotzeitteller Waldeslust, hausgemachtes Gulasch.

GETRÄNKEPREIS:

PLÄTZE (FREI/REGENSICHER):
250/106

GUIDE-TIPP:
Hausgemachtes Gulasch

GASTSTÄTTE-PENSION WALDESLUST
Jöslein 2
95512 Neudrossenfeld
Tel.: 09203-973278
www.gasthaus-pension-waldeslust.de

ÖFFNUNGSZEITEN
Täglich ab 9 Uhr
Kein Ruhetag

OVF 8354 Neudrossenfeld

= Autobahn = Landstraße = Straße = Bahnstrecke

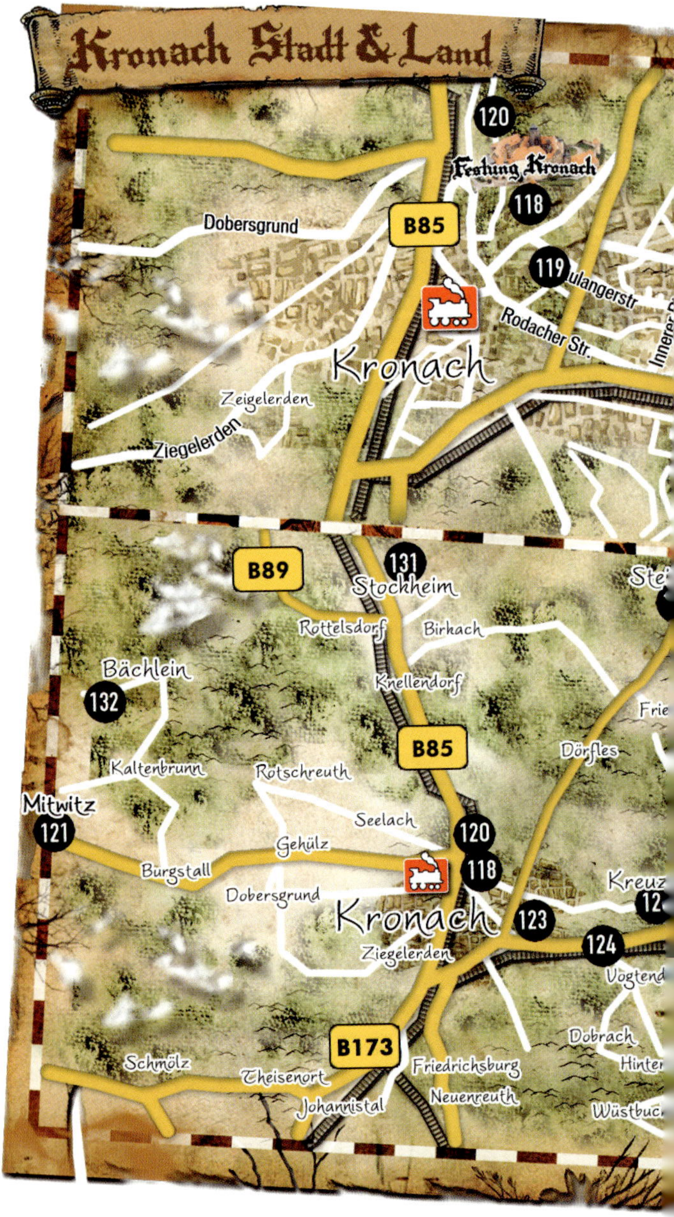

= Bahnhof

= Bierkeller auf Seite im Kreis

Kronach Stadt & Land

Im Jahr 1003 erstmal erwähnt, gehörte die Stadt seit 1122 zum Bistum Bamberg. Im Dreißigjährigen Krieg bewiesen die Bürger unglaubliches Stehvermögen, Belagerung um Belagerung wurde standgehalten, beim Schwedensturm 1634 jedoch schien die Lage aussichtslos.

Bis an die Vorstädte waren die Elitetruppen aus ganz Europa herangerückt, doch die Kronacher setzten die Häuser außerhalb der Stadtmauern in Brand, warfen mit Pflastersteinen und zweckentfremdeten die Brauereien – heißes Wasser aus den Sudkesseln regnete auf die Angreifer herab. Mit hohen Verlusten endet auch diese Belagerung ohne Erfolg.

Das moderne Kronach liegt ein bisschen abseits der Hauptverkehrswege und im Dornröschen-Schlaf – die wunderschöne Altstadt und die Festung Rosenberg lohnen den Besuch auf jeden Fall. Besonders bemüht man sich um die reiche Pflanzenpracht, die einem in der ganzen Stadt begegnet. Von den Brauereien ist nur noch die Kaiserhof-Bräu geblieben, die eines ihrer Biere nach dem berühmtesten Sohn der Stadt benannt hat – das Lucas-Cranach-Bier.

GPS: 50°14'40" N / 11°19'39" E

FESTUNGSGASTSTÄTTE

FAMILIENBETRIEB AUF DEM SCHLOSS

Erst seit Kurzem betreibt die Familie Hölzer die Gaststätte mit der Kronach-Panorama-Garantie (liegt auf dem höchsten Punkt der Festung Rosenberg), bringt aber dennoch viel Gastro-Erfahrung mit. Chef und gleichzeitig Chefkoch Bernd werkelt seit zig Jahren hinter Töpfen und Pfannen und hat schon mehrere bekannte Lokalitäten aufgebaut, seine Frau Eleonore ist ein Multitalent – Bäckerin Köchin, Kellnerin und Diplom-Ingenieurin. Gemäß ihren Fähigkeiten ist sie eigentlich überall zu finden. Tochter Nicole haben die Eltern und die Liebe nach Franken verschlagen. Gäste sind also immer in guter Hand. Besonders zu empfehlen: die selbstgebackenen Kuchen.

BIER:
Kaiserhof/Kronach: Pils, Schmäusbräu, helles Hefe (alle vom Fass), dunkles Hefe, Schwedentrunk. Kulmbacher: Kapuziner alkoholfreies Hefeweißbier.

KÜCHE:
Fränkische Brotzeiten. Täglich große Karte mit warmen Gerichten. Spezialitäten: Festungsteller, Geflügelleber, vegetarisches Bauernfrühstück.

GETRÄNKEPREIS:

PLÄTZE (FREI/REGENSICHER):
100/85

GUIDE-TIPP:
Grillplatte á la Chef

DB Kronach

FESTUNGSGASTSTÄTTE ROSENBERG
Festung 1
96317 Kronach
Tel.: 09261-500700
eMail: HoelzerBE@aol.com
www.festungsgaststaette-rosenberg.

ÖFFNUNGSZEITEN
Täglich ab 10 Uhr
Montag Ruhetag

GPS: 50°14'28" N / 11°19'41" E

GASTSTÄTTE KAISERHOF

IM HERZEN DER STADT

An stressigen Tagen findet man die Kronacher meist im kleinen „Kaiserhöfer". Der Betrieb liegt nun schon in der vierten Generation in den Händen der Familie Kaiser, und die hat Sinn für Humor. Das zeigt sich schon in den Namen der Biere: Die Weizenbiere heißen Weißer und Schwarzer Kaiser, das Dunkle ist der Schwedentrunk. 2002 pflanzte das Brüderpaar Thomas und Ulrich Kaiser sogar eigens eine Kastanie im Biergarten.

BIER:
Eigene Brauerei: Pilsener, Weißer Kaiser (helles Hefe), Kellerbier, unfiltriertes Pilsener, Schmäusbräu (alle vom Fass); Schwedentrunk (dunkles Spezial), Schwarzer Kaiser (dunkles Hefe).

KÜCHE:
Fränkische Brotzeiten. Täglich große Karte mit warmen Gerichten. Spezialität: Bierhaxe.

GETRÄNKEPREIS:

PLÄTZE (FREI/REGENSICHER):
50/40

GUIDE-TIPP:
Bierhaxe

GASTSTÄTTE KAISERHOF
Friesener Straße 1
96317 Kronach
Tel.: 09261-1048
eMail: info@kaiserhofbraeu.de
www.kaiserhofbraeu.de

ÖFFNUNGSZEITEN
Täglich von 11 bis 14 Uhr und ab 17 Uhr
Montag Ruhetag

DB Kronach

GPS: 50°14'57" N / 11°19'27" E

OTTIS BROTZEITSTUBE

Der Biergarten von Ottlilie Blinzler am Kronacher Stadtrand – ideal für die Rast vor oder nach dem Festungs-Besuch – ist mit Obstbäumen und Weinstöcken durchwachsen, die die Gäste regelmäßig plündern. Die übriggebliebenen Früchte finden sich dann auf den beliebten selbstgebackenen Kuchen, die die Dame jeden Sonntag anbietet. Sehenswert auch die schottischen Hochlandrinder auf dem Bauernhof.

BIER:
Scherdel Bräu/Hof: Pils (vom Fass), Weizen, Dunkles, Bock (saisonal), Alkoholfreies, Diät.

KÜCHE:
Fränkische Brotzeiten.
Täglich zwei bis drei warme Gerichte. Spezialitäten: Hausmacher Teller, Hering mit Kartoffeln.

GETRÄNKEPREIS:

PLÄTZE (FREI/REGENSICHER):
70/95

GUIDE-TIPP:
Hausmacher Teller

DB Kronach

VOM BAUM IN DEN MUND

OTTIS BROTZEITSTUBE
Haingasse 18
96317 Kronach
Tel.: 09261-93880

ÖFFNUNGSZEITEN
Di bis Fr ab 14 Uhr
Sa, So & Feiertage ab 9 Uhr
Montag Ruhetag

GPS: 50°14'55" N / 11°12'25" E

Zum Schlossjäger

WIE DIE PFERDE

Der Schlossjäger ist ein Biergarten der ganz besonderen Art – einerseits isst und trinkt man hier am Ort der legendären Schlossparkfeste (erster Samstag im Juli), andererseits gibt es bei Regen eine ganz besondere Ausweichstation: die ehemaligen Pferdeboxen. Über 80 Personen können in den original erhaltenen Stallungen der heute nicht mehr genutzten Reithalle Unterschlupf finden.

ZUM SCHLOSSJÄGER
Am Unteren Schloß 3
96268 Mitwitz
Tel.: 09266-9600 oder 09261-60610 oder 0171-7208164

ÖFFNUNGSZEITEN
Fr & Sa ab 17 Uhr
So & Feiertage ab 14 Uhr
Mo bis Do geschlossen (nur bei Bedarf geöffnet)

BIER:
Franken Bräu/Mitwitz-Neundorf: 5-Sterne Premium Pils, Kellergold, Hefeweißbier (alle vom Fass). Löwenbräu/München: Alkoholfreies.

KÜCHE:
Hausmacher Brotzeiten. Täglich kleine Karte mit warmen Gerichten. Spezialitäten: Stinkerkäse, Neufanger Wurstsalat mit Bauernbrot und hausgesschlagener Butter.

GETRÄNKEPREIS:

PLÄTZE (FREI/REGENSICHER):
150/280

GUIDE-TIPP:
Stinkerkäse

DB Kronach

Das Kronacher Freischiessen

Während zu Beginn des Mittelalters die Streitkräfte aus den wehrpflichtigen Rittern bestanden, entwickelte sich etwa ab dem 13. Jahrhundert in den Städten eine Art Bürgerwehr, die sogenannten Schützen (abgeleitet von Schutz, nicht von Schiessen). Aus der Tradition dieser Stadtwachen und den bestehenden Jahrmärkten wurden die Schützenfeste.

Für Bayern ist das erste Schützenfest 1427 in München belegt, andere Städte folgten: 1444 Coburg, 1458 Nürnberg, 1500 Bamberg und schließlich 1588 Kronach. 2007 wird hier das 419. Freischießen gefeiert. Vielleicht mangels anderer Festlichkeiten nimmt es mittlerweile Oktoberfest-Ausmaße an und wird als fünfte Jahreszeit gefeiert (knapp 500000 Besucher). Seit mehr als 100 Jahren sind auch Feuerwerk und Militärkapelle fester Bestandteil des Treibens auf der Hofwiese.

Neben dem Festüblichen, also Fahrgeschäften vom Riesenrad bis zur Geisterbahn, Bierzelten und Buden mit Bratwurst & Co., steht immer noch das traditionelle Schießprogramm auf der Tagesordnung. Geschossen

wird mit Luftgewehr, Kleinkaliber und Pistole. Getroffen werden müssen dabei unter anderem die Königsscheiben. Aus dem Ergebnis gehen dann die neuen Schützenkönige hervor.

Eine weitere Spezialität ist das Schießen auf den Vogel (sogenanntes Vogelschießen). Dabei geht es heutzutage nicht mehr um echtes Federvieh, sondern um Holzattrappen, die nicht minder schwer zu treffen sind. Sieger ist, wer den letzen Vogelrest von der Stange schießt.

Mittlerweile gibt es übrigens sogar ein europäisches Schützenfest, zu dem zigtausende aktiver Schützen pilgern. Bis dahin ist es auch für die Kronacher noch ein weiter Weg. Der Termin für 2009 ist bereits vergeben, nach Kirnrooi in Belgien.

GPS: 50°14'04" N / 11°21'20" E

RUPPENWIRTSHAUS

BIERBAUCH UNTER KASTANIEN

Seit 1825 führt Familie Lang das Ruppenwirtshaus im gleichnamigen Ortsteil der Cranach-Stadt. Unter den riesigen alten Kastanienbäumen sitzt man gerne und lässt sich Bier und Bierbauch schmecken – Sie haben richtig gelesen – doch die Kronacher sind keine Kannibalen, der Bierbauch ist eine Spezialität, die sicherlich schon zur Bildung des einen oder anderen menschlichen Pendants beigetragen hat.

BIER:
Weismainer Pülsbräu: Pils, Kellertrunk, Hefeweißbier (alle vom Fass). Mahr´s Bräu/Bamberg: Ungespundetes. Paulaner/München: Alkoholfreies Weißbier.

KÜCHE:
Fränkische Brotzeiten. Täglich mittelgroße Karte mit warmen Gerichten. Spezialitäten: Pfannensülze, Ruppener Bierbauch.

GETRÄNKEPREIS:

PLÄTZE (FREI/REGENSICHER):
150/130

GUIDE-TIPP:
Bierbauch

DB Kronach

RUPPENWIRTSHAUS
Ruppen 9
96317 Kronach
Tel.: 09261-3845
eMail: ruppenwirt@web.de

ÖFFNUNGSZEITEN
Täglich ab 11 Uhr
Sep bis Mai: Dienstag Ruhetag
Juni bis Aug: Samstag Ruhetag

GPS: 50°13'32" N / 11°20'51" E

WALDSCHÄNKE IM STÜBENTAL

Malerisch mitten im Wald und am Bächlein Stüben gelegen, ist Marina Klötzer-Deinleins Kleinod vor allem für seine Küche (aus regionalen Erzeugnissen) bekannt. Highlight: das Bauernschnitzel. Mit Schinken, Käse und Salami gefüllt und mit Pfeffersoße serviert, ist es ein Gaumenschmeichler vor allem für Freunde der deftigen Gangart. Beim Verdauungsspaziergang wird frische Luft zwischen Spielplatz, idyllischen Waldwegen und grünen Wiesen geatmet.

WALDSCHÄNKE IM STÜBENTAL

Stüben 4
96317 Kronach
Tel.: 09261-2104
www.stuebental.de

ÖFFNUNGSZEITEN

Di bis Fr ab 11 Uhr
Sa ab 17 Uhr
So ab 11 Uhr
Montag Ruhetag

BIERGARTEN AM BACH

BIER:
Weismainer Püls-Bräu: Pils, Weißbier, Edelstoff (alle vom Fass). Löwenbräu/München: Alkoholfreies.

KÜCHE:
Hausmacher Brotzeiten. Täglich große Karte mit warmen Gerichten. Sonntag Mittagstisch. Spezialitäten: Forelle, Bauernschnitzel.

GETRÄNKEPREIS:

PLÄTZE (FREI/REGENSICHER):
150/60

GUIDE-TIPP:
Bauernschnitzel

OVF 8334 Fischbach

GPS: 50°14'30" N / 11°21'56" E

KREUZBERGKLAUSE

BIERGARTEN MIT HUND

Wer nicht gerne allein sein will, sollte hier vorbeischauen. Um die Ecke ist nämlich das Tierheim, das sich freut, wenn Garten-Gäste die Vierbeiner zum kleinen Spaziergang ausführen. Und wer schon seinen Traumpartner gefunden hat, der kann direkt neben dem Biergarten in der über 200 Jahre alten Kreuzbergkapelle heiraten. Traumhochzeit für Bierkellerfans! Buchen kann man das beim Eigentümer, dem Pfarramt Kronach oder direkt bei Neueinsteiger Andreas Riedel vor Ort.

BIER:
Kaiserhof/Kronach: Schmäußbräu Vollbier, Pils (beide vom Fass), Lucas-Cranach-Trunk, Schwedentrunk, Kellerbier, Dunkles Hefe. Clausthaler: Alkoholfreies.

KÜCHE:
Hausmacher Brotzeiten. Täglich mittelgroße Karte mit warmen Gerichten. Sonntag Mittagstisch. Spezialitäten: Kuchen, Obatzter, Schinken, Käsespätzle, Riesencurrywurst.

GETRÄNKEPREIS:

PLÄTZE (FREI/REGENSICHER):
200/160

GUIDE-TIPP:
Käsespätzle

OVF 8341 Oberrodach

KREUZBERGKLAUSE
Kreuzbergstraße 1
Zwischen Kronach und Marktrodach
Richtung Tierheim
96364 Marktrodach
Tel.: 09261-963085

ÖFFNUNGSZEITEN
Mo bis Do ab 10 Uhr
Fr bis So ab 19 Uhr
Kein Ruhetag

GPS: 50°14'18" N / 11°21'26" E

FLÖSSERHOF

LEBENDIGE GESCHICHTE

Der wichtigste Rohstoff des Frankenwaldes war lange Zeit das Holz. Der Transport erfolgte mangels Straßen auf den Bächen und Flüssen, wodurch das Flößerhandwerk entstand. Von Kronach bis Mainz etwa brauchte ein Holztransport um die 15 Tage. Wer mehr wissen möchte, kann sich im Flößermuseum Marktrodach umfassend informieren. Der Flößerhof des 21. Jahrhunderts ist ein modernes Landhotel mit Wellness-Angebot - und einem sehr schön gelegenen Biergarten.

BIER:
Franken Bräu/Mitwitz-Neundorf: 5-Sterne Premium Pils, Kellergold, Hefeweißbier (alle vom Fass). Löwenbräu/München: Alkoholfreies.

KÜCHE:
Hausmacher Brotzeiten. Täglich kleine Karte mit warmen Gerichten. Spezialitäten: Schaschlik, Haxen, weißer Käs.

GETRÄNKEPREIS:

PLÄTZE (FREI/REGENSICHER):
150/200

GUIDE-TIPP:
Weißwurstfrühstück am Sonntag

FLÖSSERHOF
Kreuzbergstraße 35
96364 Marktrodach
Tel.: 09261-60610
eMail: info@floesserhof.de
www.floesserhof.de

ÖFFNUNGSZEITEN
Mo bis Sa ab 17 Uhr
So & Feiertage ab 10 Uhr
Kein Ruhetag
Bei schlechtem Wetter geschlossen

OVF 8341 Oberrodach

Hängen Sie sich die Brauereien an den Nagel

Für alle Fans der fränkischen Bierkultur gibt es ein neues Highlight - das neue Bierdeckelplakat mit den Bierdeckeln aller noch aktiven Brauereien Frankens.

Von den Großen wie Kulmbacher und Maisel bis zu den kleinen Kommunbrauhäusern finden Sie über 300 aktive Braustätten. In mühsamer Kleinarbeit konnten auch die entlegensten Sammlerstücke beschafft werden.

Warum also nicht die Fränkische Braukultur an die Eingangstür, über's Bett oder gegenüber dem stillen Örtchen platzieren? Für die angehenden Spezialisten ist übrigens auch ein Beiblatt anbei, mit dem jeder Bierdeckel (das Plakat enthält ein Koordinatensystem) und damit seine Herkunft genau lokalisiert werden kann. Das neue Bierdeckelplakat finden Sie in allen Buchhandlungen und unter www.brauereien.eu.

WWW.BRAUEREIEN.EU

Brauereien.eu
#1
Bierland
Oberfranken
Franken
Bamberger
BierSchmecker
Touren
Spörlein
GUIDEMEDIA

MAX-BRÄU · AMPFERBACH

Raubritter
Dunkel
SONNENBRÄU
LICHTENBERG

Lang
Bräu

GPS: 50°15'01" N / 11°23'39" E

RATSSTUBE STEGNER

Seit 36 Jahren hat Familie Stegner in der Ratsstube wieder das Ruder übernommen und bietet eine feine Auswahl an fränkischen (und italienischen) Köstlichkeiten, unter anderem auch als Buffet. Früher besaß das fast 300 Jahre alte Anwesen auch noch eine Brauerei, die allerdings wegen Baufälligkeit abgerissen werden musste. Besonders schön sitzt es sich im Biergarten bei einem der regelmäßigen Jazz-Konzerte.

BIERGARTEN MIT BUFFET

BIER:
Kulmbacher Brauerei: Mönchshof Original, Kapuziner Weißbier, Kellerbier (alle vom Fass).

KÜCHE:
Hausmacher Brotzeiten. Täglich kleine Karte mit warmen Gerichten. Spezialitäten: selbstgemachtes Schaschlik, fränkische und italienische Buffets.

GETRÄNKEPREIS:

PLÄTZE (FREI/REGENSICHER):
120/80

GUIDE-TIPP:
Schaschlik

OVF 8341 Oberrodach

RATSSTUBE STEGNER
Kulmbacher Straße 10
96364 Marktrodach/OT Oberrodach
Tel.: 09261-2640

ÖFFNUNGSZEITEN
Täglich ab 12 Uhr
Samstag Ruhetag

GPS: 50°16'49"N / 11°16'38" E

LANDGASTHOF DETSCH

KRÄUTERZUCHT

Bei Familie Detsch ist man selbstbewusst und weiss um die Schönheit des eigenen Biergartens. Und natürlich um die Qualität der angebotenen Speisen – eigene Schweinezucht, Kartoffelacker und ausgedehntes Kräuterbeet mitten zwischen den Gästen im Garten. So kann es also passieren, dass nach der Bestellung erstmal geerntet wird. Nachdem auch seltene Kräuter angebaut werden, ist der Besuch durchaus auch lehrreich – Barbara Detsch erklärt gerne was zum Grün im Bauerngarten.

LANDGASTHOF DETSCH
Coburger Straße 9
96342 Stockheim/OT Haig
Tel.: 09261-62490
eMail: info@landgasthof-detsch-haig.de
www.landgasthof-detsch-haig.de

ÖFFNUNGSZEITEN
Täglich ab 14 Uhr
So ab 11.30 Uhr
Montag Ruhetag
Bei schlechtem Wetter Sonntagabend geschlossen

BIER:
Mönchshof/Kulmbacher Brauerei: Pils, Kapuzinerweizen (beide vom Fass), Helles, Kellerbier, Kloster Dunkel, Hefe leicht, Hefe Alkoholfreies, alkoholfreies Bier.

KÜCHE:
Hausmacher Brotzeiten. Täglich mittelgroße Karte mit warmen Gerichten. Spezialitäten: Gerichte vom Angusrind und von schwäbisch-hallischen Schweinen aus eigener Zucht.

GETRÄNKEPREIS:

PLÄTZE (FREI/REGENSICHER):
30/120

GUIDE-TIPP:
Alles mit Kräutern

DB Stockheim

GPS: 50°15'54" N / 11°14'29" E

WALDHOTEL BÄCHLEIN

BIERGARTEN-BOTSCHAFT

Mittem im Landschaftsschutzgebiet– und gar nicht so leicht zu finden – liegt der Biergarten (mit Hote[l]) von Umweltbotschafterin Petra Jung. Standesgemäß kommt der Garten dan[n] auch eher großstädtisch als „Weißwur[st] Garten" daher. Den Besucher erwarte[n] viele Attraktionen - Kutschfahrten, Gri[ll]station, Beachvolleyballfeld, Planschb[e]cken, Streichelzoo usw. Wer Glück (od[er] Pech – je nach Sichtweise) hat, dem begegnen sogar die Animateure.

BIER:
Frankenbräu/Mitwitz: Pils, Kellertrunk (Dunkles), Hefe (alle vom Fass). Kritzenthaler: Alkoholfreies.

KÜCHE:
Hausmacher Brotzeiten und Salatbuffet. Täglich mittelgroße Karte mit warmen Gerichten. Spezialitäten: Frankenwaldforelle, Wild (aus der Region).

GETRÄNKEPREIS:

PLÄTZE (FREI/REGENSICHER):
90/500

GUIDE-TIPP:
Frankenwaldforelle

DB Kronach

WALDHOTEL BÄCHLEIN
Bächlein 18
96268 Mitwitz
Tel.: 09266-9600
eMail: info@waldhotel-baechlein.de
www.waldhotel-baechlein.de

ÖFFNUNGSZEITEN
Täglich ab 7 Uhr
Kein Ruhetag

GPS: 50°16'37"N / 11°22'24" E

GASTHOF BAUERNHANNLA

Über 40 km Weitsicht bieten den Bierkeller-Besuchern einen einmaligen Ausblick in den Frankenwald. Doch muss der auch verdient werden – so mancher kommt beim Aufstieg ganz schön ins Schwitzen. Allerdings sind ja genug Durstlöscher vorhanden. Unmittelbar an dem urigen Gasthof beginnen übrigens mehrere Wanderwege – so kann man den Gehalt der üppigen deftigen Brotzeiten gleich wieder zu Fuß im erlebten Frankenwald umsetzen.

DEN FRANKENWALD IM BLICK

BAUERNHANNLA
Eichenbühl 82
96352 Wilhelmsthal/Steinberg
Tel.: 09260-9639399
eMail: info@bauernhannla.de
www.bauernhannla.de

ÖFFNUNGSZEITEN
Täglich ab 11.30 Uhr
So & Feiertage ab 9.30 Uhr
Kein Ruhetag

BIER:
Kulmbacher Brauerei: Kapuziner Weizen, Mönchshof Pils, Klosterschwarzbier (alle vom Fass), Mönchshof Alkoholfreies. Kaiserhof/Kronach: Schmäusbräu, Kaiserpils (beide vom Fass).

KÜCHE:
Fränkische Brotzeiten. Täglich sehr große Karte mit warmen Gerichten. Spezialitäten: fränkische Kuche und deftige Brotzeiten.

GETRÄNKEPREIS:

PLÄTZE (FREI/REGENSICHER):
150/150

GUIDE-TIPP:
Bauerngeräuchertes

OVF 8332 Steinberg Ortsmitte

= Autobahn = Landstraße = Straße = Bahnstrecke

= Bahnhof = Bierkeller auf Seite im Kreis

Lichtenfels

Die Kreisstadt Lichtenfels liegt am nordöstlichen Zipfel der im vorliegenden Buch behandelten Region. In der Stadt und ihrem Landkreis findet sich ebenso wie in den Regionen um Bamberg und Forchheim eine erhebliche Brauereidichte und -tradition. Neben dem Bier haben hier jedoch vor allem der Holzhandel (der Amsterdamer Hauptbahnhof beispielsweise steht auf 20000 Stämmen aus dem Frankenwald) und die Korbherstellung eine lange Geschichte, was den Namen „Deutsche Korbstadt" begründet.

Der Lichtenfelser an sich ist stolz auf sein heimatliches Bier, wurde doch vor Kurzem erst ein Bierpapst engagiert, um den heimischen Bieren allesamt gute Noten zu verteilen. Die gewitzte Mentalität der „Tümpelschöpfer", wie die Einheimischen auch genannt werden, zeigt sich auch darin, dass sie mittlerweile fast jeden Gegenstand aus Korbgeflecht herstellen.

Eine für die Region eher untypische Geschichte hat übrigens das Brauhaus Leikeim aus Altenkunstadt vorzuweisen: 1975 noch eine eher unscheinbare Landbrauerei, mauserte man sich seitdem zur Nummer zwei in Deutschland, was Bier in Bügelflaschen angeht.

GPS: 50°03'04" N / 10°59'08" E

LANDGASTHOF HUMMEL

BIERGARTEN MIT SAUNA

Ja, Sie haben richtig gelesen, beim Hummel in Prächting kann man theoretisch auch noch Sauna, Dampfbad und Solarium an den Kellerbesuch anschließen. Währenddessen vergnügen sich dann die Kleinen auf dem großen Spielplatz – fast so was wie ein Wellness-Biergarten für die ganze Familie. Wellness für die Leber macht man am besten mit dem Wagner-Bier aus Merkendorf, das hier durch den Zapfhahn fließt.

BIER:
Wagner/Merkendorf: Pils, Lager, Hefeweizen (alle vom Fass). Kulmbacher: Alkoholfreies.

KÜCHE:
Fränkische Brotzeiten. Täglich große Karte mit warmen Gerichten. Sonntags Mittagstisch. Spezialitäten: Gemischte Platte, Chefsalat, Ochsenbrust, Schnitzeltag (Mi), Steaktag (Do).

GETRÄNKEPREIS:

PLÄTZE (FREI/REGENSICHER):
300/150

GUIDE-TIPP:
Hummelsalat

DB Ebensfeld

OVF 8228 Kutzenberg

LANDGASTHOF HUMMEL
Prächtinger Hauptstraße 6
96250 Ebensfeld
Tel.: 09573-3033
eMail: info@landgasthof-hummel.de
www.landgasthof-hummel.de

ÖFFNUNGSZEITEN
Di bis Fr ab 16 Uhr
Sa ab 14 Uhr
So ab 10 Uhr
Montag Ruhetag

GPS: 50°03'47" N / 10°57'39" E

ENGELHARDT'S KELLER

BIER MIT LIEBE

Hier ist man gerade bei den Biernamen sehr kreativ: die Kellerliebe, ein eher liebliches Bier – vielleicht mal eine Versuchung für die bierabgeneigten Damen unter der Leserschaft – und das dunkle Adam Riese laden zum genüsslichen Schlucken ein. Für die Gemütlichkeit gibt's dann auch ab und zu Abende mit der Kellerkapelle oder dem Hausmusiker Jürgen (ein Unikat). Wer alles auf einmal haben will, sollte zum jährlichen Kellerfest kommen.

ENGELHARDT'S KELLER
Kellerstraße 52
96250 Ebensfeld
Tel.: 09573-1543
eMail: engelhardt-ebensfeld@t-online.de

ÖFFNUNGSZEITEN
Mo bis Sa ab 16 Uhr
So und Feiertage ab 9 Uhr
Dienstag Ruhetag

BIER:
Eigene Brauerei: Kellerliebe (vom Fass), Adam Riese. Kulmbacher: Kapuziner-Weizen (vom Fass), EKU-Pils, Alkoholfreies.

KÜCHE:
Fränkische Brotzeiten. Täglich kleine Karte mit warmen Gerichten. Spezialitäten: Kellerplatte, Pfannenschnitzel, Steaks, gegrillte Makrelen (So, bei schönem Wetter).

GETRÄNKEPREIS:

PLÄTZE (FREI/REGENSICHER):
200/60

GUIDE-TIPP:
Kellerliebe

DB Ebensfeld
OVF 8228 Ebensfeld

GPS: 49°48'26" N / 11°13'19" E

LANDGASTHOF SCHWARZER ADLER

AUSGEZEICHNET ESSEN AM STAFFELBERG

BIER:
Maisel/Bamberg: Dunkles (vom Fass), helles Weizen, dunkles Weizen. Hetzel/Frauendorf: Landbier (vom Fass). Leikeim/Altenkunstadt: Pils, Diät, Leichtes, Alkoholfreies.

KÜCHE:
Fränkische Brotzeiten. Täglich große Karte mit warmen Gerichten. Spezialitäten: Fisch (aus heimischen Gewässern), Schlachtschüssel (Do).

GETRÄNKEPREIS:

PLÄTZE (FREI/REGENSICHER):
150/150

GUIDE-TIPP:
Kräuterforelle vom Grill

DB Bad Staffelstein

Der Landgasthof in End sammelt insbesondere Auszeichnungen für die hervorragenden Fischspezialitäten des Hauses. Gerade einheimische Fischsorten werden täglich frisch zubereitet (freitags auch vom Grill). Für die Fischverächter bieten sich Montag (Rippla vom Buffet) oder Donnerstag (Schlachtschüssel) an. In einigen Jahren feiert man übrigens 500-jähriges Jubiläum.

LANDGASTHOF SCHWARZER ADLER
End 13
96231 Bad Staffelstein
Tel.: 09573-22260
eMail: info@schwarzer-adler-landgast
www.schwarzer-adler-landgasthof.de

ÖFFNUNGSZEITEN
Täglich ab 9 Uhr
Kein Ruhetag

GPS: 50°05‘08“ N / 11°00‘43“ E

GASTHOF-PENSION „ALTE MÜHLE“

Nach der Zeit als Mühle vor weit mehr als 100 Jahren diente das Haus als Heimstatt für die Spielzeugherstellung, brannte dann aber in den 60er Jahren ab und konnte erst 1980 wieder aufgebaut werden. Die neue Besitzerin Kerstin Krause bemüht sich sehr erfolgreich, den Charme des alten Gebälks zu erhalten und trotzdem eine florierende Gaststätte mit einem wunderschönen Garten (und altem Mühlrad) zu führen. Das gelingt ihr mehr als gut, weshalb die „Alte Mühle“ zu einem unserer Geheimtipps avanciert.

KÜMMELBRATEN ZWISCHEN ZWEI BÄCHEN

GASTHOF-PENSION „ALTE MÜHLE“
Horsdorf 10
96231 Bad Staffelstein
Tel.: 09573-34774
eMail: info@gasthof-alte-muehle.de
www.gasthof-alte-muehle.de

ÖFFNUNGSZEITEN
Mo bis Fr ab 17 Uhr
Sa ab 16 Uhr
So & Feiertage ab 11 Uhr
Mittwoch Ruhetag

BIER:
Hübner/Steinfeld: Kellerbier (vom Fass). Trunk/Vierzehnheiligen: Nothelfertrunk (vom Fass). Hetzel/Frauendorf: Pils (vom Fass).

KÜCHE:
Hausmacher Brotzeiten. Täglich große Karte mit warmen Gerichten. So und Feiertage Mittagstisch. Spezialitäten: Pfannengerichte, Kümmelbraten, vegetarische Gerichte.

GETRÄNKEPREIS:

PLÄTZE (FREI/REGENSICHER):
100/78

GUIDE-TIPP:
Kümmelbraten

OVF 8228 Bad Staffelstein

GPS: 50°08'02" N / 11°00'02" E

Klosterstuben Kloster Banz

IM SCHATTEN DER STAATSREGIERUNG

So manch einer in Bayern glaubt wahrscheinlich, dass die Bezeichnung „Gottesgarten" für die Umgebung von den regelmäßigen Tagungen von Strauß, Stoiber & Co. hier vor Ort abzuleiten ist. Die meisten Besucher jedoch sind eher auf eine Besichtigung der Klosteranlage und der gegenüberliegenden Wallfahrtskirche Vierzehnheiligen aus. Bei Familie Kreier gibt es jedenfalls für Wähler und Nichtwähler nur eine Wahl: Bier der Kulmbacher Brauerei und wirklich gute warme Speisen.

BIER:
Kulmbacher Brauerei: Mönchshof Original, Mönchshof naturtrübes Kellerbier, Kapuziner Weizen, Schwarzbier (alle vom Fass), Bockbier (ganzjährig), leichtes Weizen, schwarze Weiße, alkoholfreies Weizen, alkoholfreies Pils.

KÜCHE:
Fränkische Brotzeiten. Täglich mittelgroße Karte mit warmen Gerichten. Spezialitäten: Bierhaxen, Pfefferhaxen, Bratwürste vom Staffelsteiner Landmetzger.

GETRÄNKEPREIS:

PLÄTZE (FREI/REGENSICHER):
200/180

GUIDE-TIPP:
Pfefferhaxe

DB Bad Staffelstein

KLOSTERSTUBEN KLOSTER BANZ
Kloster Banz
96231 Bad Staffelstein
Tel.: 09573-222058
www.klosterstuben-banz.de

ÖFFNUNGSZEITEN
Apr bis Okt
Täglich ab 10 Uhr
Kein Ruhetag
Nov bis März
Montag & Dienstag Ruhetag

GPS: 50°09'10" N / 11°05'12" E

BRAUEREI GASTHOF WICHERT

FÜR KEGELBRÜDER

Ausgestattet mit einer Doppelkegelbahn und der Betonung auf dem Wort „Behaglichkeit" ist der Biergarten der Brauerei Wichert in Lichtenfels zu finden. Bekannt ist man zwar eher für das „Wichert Pils", im Garten schmeckt das ungespundete Kellerbier den meisten allerdings besser. Im Schatten der alten Kastanien lässt es sich hier auch im heißesten Hochsommer gut aushalten.

BIER:
Eigene Brauerei: Pils, Dunkles (beide vom Fass).

KÜCHE:
Fränkische Brotzeiten. Spezialitäten: Kalter Schweinebraten, gemischte Platte, Göttinger, Gerupfter.

GETRÄNKEPREIS:

PLÄTZE (FREI/REGENSICHER):
200/190

GUIDE-TIPP:
Kalter Schweinebraten

BRAUEREI GASTHOF WICHERT
Alte Reichsstraße 50
96215 Lichtenfels/Oberwallenstadt
Tel.: 09571-3317

ÖFFNUNGSZEITEN
Täglich ab 17 Uhr
So & Feiertage ab 14.30 Uhr
Montag Ruhetag
(wenn Montag Feiertag, dann Dienstag Ruhetag)

DB Lichtenfels

OVF 8228 Lichtenfels Bahnhof

GPS: 50°04'43" N / 11°01'25" E

BRÄUSTÜBL

ACHT BIERE UND EINE METZGEREI

Karl-Heinz Wehrfritz, einer der Chefs des Hauses, ist ein richtiger Alleskönner: Metzgermeister und Braumeister. Das ist wohl einer der Gründe, warum man im Umfeld der Brauerei besonders die Beständigkeit der Qualität lobt. Immerhin betreibt die Familie den Betrieb seit 1856. Ein anderer Grund ist die Innovationsfreudigkeit des Hauses. Seit 2005 wird das Bier im umweltfreundlichen Schonkochverfahren hergestellt und damit viel Energie eingespart. Dass Bier und Brotzeiten schmecken, versteht sich bei dem Drumherum von selbst …

BIER:
Eigene Brauerei: Dunkles, Pils, Hefe (alle vom Fass). Werner Bräu/Poppenhausen: Alkoholfreies.

KÜCHE:
Hausmacher Brotzeiten. Täglich große Karte mit warmen Gerichten. Spezialitäten: knusprige Schäuferle, Wild aus heimischer Jagd.

GETRÄNKEPREIS:

PLÄTZE (FREI/REGENSICHER):
60/100

GUIDE-TIPP:
Krenfleisch

BRÄUSTÜBL
Mühlteich 4
96231 Bad Staffelstein/OT Loffeld
Tel.: 09573-5925
www.staffelberg-braeu.de

ÖFFNUNGSZEITEN
Täglich ab 9 Uhr
Montag Ruhetag

DB Bad Staffelstein

OVF 8228 Bad Staffelstein

GPS: 50°09'52" N / 11°06'32" E

KELLERWIRTSCHAFT

Mitten in Michelau und trotzdem halb im Wald liegt der über 100 Jahre alte historische Bierkeller, der allerdings nicht mehr als solcher genutzt wird. Die vielen Bäume und der schöne, jenseits jeder Durchgangsstraße gelegene Spielplatz ziehen besonders Familien mit Kindern an – für Papa gibt's freitags auch die große Portion – Schaschlik XXL – Einpacken nicht erlaubt! Mama und Oma dürfen die feinen selbstgebackenen Kuchen genießen.

KELLERWIRTSCHAFT
Kellerweg
96247 Michelau
Tel.: 09571-896886

ÖFFNUNGSZEITEN
Di bis Sa ab 13.30 Uhr
So & Feiertage ab 9.30 Uhr
Montag Ruhetag

SCHASCHLIK XXL

BIER:
Leikeim/Altenkunstadt: Landbier, Pils, Hefeweizen (alle vom Fass), Alkoholfreies.

KÜCHE:
Fränkische Brotzeiten. Täglich mittelgroße Karte mit warmen Gerichten. So und Feiertage Mittagstisch. Spezialitäten: Grillente, Pfefferhaxe, XXL-Schaschlik (Fr).

GETRÄNKEPREIS:

PLÄTZE (FREI/REGENSICHER):
400/90

GUIDE-TIPP:
XXL-Schaschlik

DB Michelau

GPS: 50°06'15" N / 11°03'12" E

STAFFELBERG KLAUSE

Früher ein abgeschiedener Einsiedlerhof, hat sich mit der Staffelberg Klause ein echter Geheimtipp für Wanderer und Ausflügler entwickelt, gerade auch Familien mit Kindern kommen gerne hierher. Und das nicht zuletzt wegen des Spielplatzes, der angrenzenden großen Wiese und der Ruhe drumherum. Zudem hat man einen herrlicher Ausblick über den Staffelberg.

VOM EINSIEDLERHOF ZUR WANDERERKLAUSE

BIER:
St. Georgen Bräu: Pils, Kellerbier (vom Fass). Staffelbergbräu: Hefeweizen. Clausthaler: Alkoholfrei.

KÜCHE:
Fränkische Brotzeiten. Kleine Karte mit warmen Gerichten. Spezialitäten: Kasslerrippchen, Bratwürste, Ziebeleskäs.

GETRÄNKEPREIS:

PLÄTZE (FREI/REGENSICHER):
500/300

GUIDE-TIPP:
Selbstgebackene Kuchen

DB Bad Staffelstein

OVF 8228 Bad Staffelstein

STAFFELBERG KLAUSE
Auf dem Staffelberg
96231 Bad Staffelstein
Tel.: 09573-5437

ÖFFNUNGSZEITEN
Täglich ab 10 Uhr
Dienstag Ruhetag

GPS: 50°06'13" N / 11°00'04" E

BROTZEITSTADL BAD STAFFELSTEIN

Ein kleiner ruhiger Biergarten in Staffelstein, den die Kurgäste noch nicht für sich entdeckt haben. Allein das macht den Brotzeitstadl zu einem Geheimtipp. Dazu kommt noch der Fußballplatz für die Kinder und das leckere Bier der Brauerei Hummel aus Merkendorf. Die Brotzeiten werden von Familie Büttner mit Rohstoffen direkt vom Bauern selbst hergestellt.

KLEIN, ABER FEIN

BIER:
Hummel/Merkendorf: Dunkles, Keller, Pils (alle vom Fass), Hefeweizen. Löwenbräu/München: Alkoholfreies.

KÜCHE:
Hausmacher Brotzeiten. Täglich kleine Karte mit warmen Gerichten. Spezialitäten: selbstgemachte Bratwürste, weißer Käs.

GETRÄNKEPREIS:

PLÄTZE (FREI/REGENSICHER):
150/80

GUIDE-TIPP:
Hausgemachte Bratwürste

DB Bad Staffelstein

OVF 8228 Bad Staffelstein

BROTZEITSTADL
BAD STAFFELSTEIN
Bauersgasse 3b
96231 Bad Staffelstein
Tel.: 09573-4778
eMail: familie-buettner1@freenet.de
www.pension-buettner.de

ÖFFNUNGSZEITEN
Mo bis Fr ab 16.30 Uhr
Sa ab 15.30 Uhr
So ab 16 Uhr
Montag Ruhetag

GPS: 50°08'06" N / 10°59'54" E

BANZER WALDSCHÄNKE

Mitten im Wald findet sich hier ei Klettergarten der besonders gr nen und hohen Sorte. Unter den vielen Seilen und Balken haben die Erbauer aber die Gemütlichkeit nicht vergessen Die urige Waldschänke zieht nicht nur die Kletterer nach vollendetem Auf- un Abstieg in ihren Bann, auch viele Norm Natur-Genießer kehren hier gerne ein. Mit ein Grund: Alles Bio – vom Getränk bis zum Imbiss – jeder Happen kommt aus ökologischem Landbau. Bis auf da Bier – die Hausherren aus Wittelsbach stehen nunmal auf die Bierspezialitäte vom Tegernsee. Gegen das schlechte Gewissen gibt's zudem noch Lammsbr Bio-Bier und Bio-Kaffee (Espresso, Cappuccino und Latte Macchiato).

FÜR AUFSTEIGER, EINKEHRER UND BIO-FANS

BIER:
Lammsbräu, Neumarkt: Bio Pils, Bio Dunkel, Bio Weißbier hell, Bio alkoholfrei, Bio Malzbier
Herzogliches Brauhaus Tegernsee: Tegernseer Hell, König Max I. Jubiläumsbier, Faßbier Hell

KÜCHE:
Bio-Gebäck der Biobäckerei Schedel (Apfelstrudel, Käsetörtchen, Spinatstrudel, Fetastrudel, Pizzastrudel, Laugencroissant, Laugenbrezen, Käsestangen)

GETRÄNKEPREIS:

PLÄTZE (FREI/REGENSICHER):
30/50

GUIDE-TIPP:
Lammsbräu Bio-Radler

OVF 8228 Bad Staffelstein

BANZER WALDSCHÄNKE
Gegenüber Kloster Banz
96231 Bad Staffelstein
Tel: 09573-222570
www.waldklettergarten-banz.de

ÖFFNUNGSZEITEN
Täglich ab 10 Uhr (bis ca. 19 Uhr, Juli/August bis 21 Uhr)
Außerhalb der Ferien Montag Ruhetag

GPS: 50°06'54" N / 11°03'19" E

BRAUEREI TRUNK OHG

EIN STARKES BIER

Was einem sicherlich am längsten nach einem Besuch in Vierzehnheiligen in Erinnerung bleiben wird, ist der Geschmack des Nothelfer Trunks. Ein wirklich guter Tropfen! Die Brauerei liegt unmittelbar hinter der Basilika und ist dabei oft die erste Station der Besucher des Wallfahrtsortes. Dahinter beginnt übrigens der Höhenweg zum Staffelberg, wenn man vor oder nach dem Bier noch eine Stunde Auslauf braucht. Gut zum Bier passen die Brotzeiten aus Hausschlachtung.

BRAUEREI TRUNK OHG
Vierzehnheiligen 3
96231 Bad Staffelstein
Tel.: 09571-3488

ÖFFNUNGSZEITEN
Täglich ab 10 Uhr
Kein Ruhetag

BIER:
Eigene Brauerei: Nothelfer Trunk Dunkles, Nothelfer Pils, Nothelfer Lager (alle vom Fass). Werner/Poppenhausen: Alkoholfreies.

KÜCHE:
Fränkische Brotzeiten. Täglich kleine Karte mit warmen Gerichten. Spezialitäten: Hausmacher Presssack, weißer Käs, Rettich.

GETRÄNKEPREIS: 🍺🍺

PLÄTZE (FREI/REGENSICHER):
200/100

GUIDE-TIPP:
Weißwürste

DB Bad Staffelstein 🚶
OVF 8228 Grundfeld 🚶

GPS: 50°07'11" N / 10°59'03" E

GASTHOF BANZER WALD

DER NAME IST PROGRAMM

Wenn man es auf den Berg geschafft hat, kann man einen herrlichen Blick auf die Klosteranlage, den Staffelberg und das Lautertal werfen. Kulinaris hat der Gasthof unter den neuen Inhabern Marion Sommer und Frank Klarmanr viel zu bieten, vor allem die selbstgebackenen Kuchen (Uralt-Hausfrauenrezepte lassen so manches Herz höher schlagen. Liebevoll auch der Spielplatz mit umgebautem Motorboot und die Tatsache, dass Windhundmischling Zorro imme herumwuselt und gerne mit den Kindern spielt. Eine Bedienung gibt`s auf der Restaurant-Terrasse, eigene Brotze darf nur in den seperaten Biergarten mitgebracht werden.

BIER:
Leikeim/Altenkunstadt: Landbier, Pils (beide vom Fass), Schwarzbier, helles Weizen, dunkles Weizen, Alkoholfreies. Hübner/Steinfeld: Vollbier (vom Fass). Erdinger: Alkoholfreies Weizen.

KÜCHE:
Brotzeiten (Selbstbedienungstheke). Täglich große Karte mit warmen Gerichten. Spezialitäten: Braten, Schnitzelvariationen.

GETRÄNKEPREIS:

PLÄTZE (FREI/REGENSICHER):
350/120

GUIDE-TIPP:
Grillteller

OVF 8228 Bad Staffelstein Thermalbad

GASTHOF BANZER WALD
Am Banzer Wald 1
96231 Bad Staffelstein/OT Unnersdorf
Tel.: 09573-5963
eMail: info@banzer-wald.de
www.banzer-wald.de

ÖFFNUNGSZEITEN
März bis Ende Okt:
Täglich ab 11 Uhr
Montag Ruhetag

GPS: 50°03'00" N / 10°55'38" E

WIRTSHAUS ZUM WÖLF

DER FAMILIENGARTEN

Seit 70 Jahren schenkt man im Haus „Zum Wölf" Reckendorfer Bier aus, früher wurde hier sogar selbst gebraut. Um den Übergang auf die heutige Besitzerfamilie Hornung rankt sich eine seltsame Geschichte. Der vorherige Inhaber hatte zehn Kinder, doch alle möglichen Nachfolger verstarben früh im Leben. Aber das war etwa 1850, also über 150 Jahre in der Vergangenheit. Heute, viele Generationen später, lässt man sich im wunderschönen Garten Recken schmecken - und die vom Chef selbst geschlachteten Hausmacher Brotzeiten dazu. Geheimtipp!

BIER:
Schlossbrauerei Recken: Weizen, Keller, Export (alle vom Fass), Pils (Winter vom Fass, Sommer Flasche), Radler (Sommer vom Fass, Winter Flasche), Festbier, Dunkles. Löwenbräu/München: Alkoholfreies.

KÜCHE:
Hausmacher Brotzeiten. Täglich große Karte mit warmen Gerichten. So und Feiertage Mittagstisch. Spezialitäten: Schaschlik, Hähnla, Hausmacher Platte.

GETRÄNKEPREIS:

PLÄTZE (FREI/REGENSICHER):
120/100

GUIDE-TIPP:
Hausgemachte Bratwürste
(immer wenn frisch geschlachtet wird)

OVF 8228 Ebensfeld

WIRTSHAUS ZUM WÖLF
Dorfstraße 21
96250 Ebensfeld/Unterbrunn
Tel.: 09547-446
www.wirtshaus-zum-woelf.de

ÖFFNUNGSZEITEN
Täglich ab 10 Uhr
Dienstag Ruhetag

GPS: 50°05'10" N / 11°14'28" E

WIRTSHAUS OBENDORFER

BIERKELLER MIT SCHUSS

Neben dem nach eigenen Rezept (allerdings in Weismain von Pülsbräu) gebrauten Obendorfer Pils ist vor allem der selbstgebrannte Schnaps (Bier, Apfel, Obstler) ein absolutes Highlight. Die eigene Brauerei schloss 1997. Stolz ist das Wirtsehepaar auf den „Goldenen Ammoniten" , einen Preis für die Altbausanierung des Hauses. Wichtig für Fußballfans: Auch nach der WM läuft noch jedes Bundesligaspiel live auf der großen Leinwand!

BIER:
Obendorfer: Obendorfer Pils (vom Fass). Pülsbräu/Weismain: Hefeweizen (vom Fass), Kellertrunk.

KÜCHE:
Hausmacher Brotzeiten. Do ein warmes Gericht, sonst nur auf Bestellung warmes Essen. Spezialitäten: Brotzeitteller, Kalter Braten mit Meerrettich.

GETRÄNKEPREIS:

PLÄTZE (FREI/REGENSICHER):
60/90

GUIDE-TIPP:
Kalter Braten mit Meerrettich

DB Burgkunstadt

WIRTSHAUS OBENDORFER
Festungsweg 2
96260 Weismain
Tel.: 09575-207

ÖFFNUNGSZEITEN
Täglich ab 9 Uhr
So von 12 bis 17 Uhr geschlossen
Dienstag Ruhetag

GPS: 50°05'46" N / 10°57'17" E

BRAUEREI HELLMUTH

EIN VIERTEL JAHRTAUSEND BIER

Gibt es in der sympathischen kleinen Brauerei in Wiesen. Besonders beliebt (und berüchtigt): der Eierberg Urstoff. Dieses Bier wurde schon erfolgreich bis in die Oberpfalz exportiert – der Exportversuch nach England scheiterte am fehlenden Platz im Gästeauto. Die Brotzeiten sind dank eigener Hausschlachtung hervorragend, vor allem aber eine optische Augenweide: Simone Hellmuth aus der aktuellen Nachwuchsgeneration lernte beim chinesischen Weltmeister Xiang Wang das Früchte- und Gemüseschnitzen.

BRAUEREI HELLMUTH
Wiesen 14
96231 Bad Staffelstein
Tel.: 09573-4395

ÖFFNUNGSZEITEN
Täglich ab 11 Uhr
Montag Ruhetag
(Wenn Montag Feiertag, dann Mittwoch Ruhetag)

BIER:
Eigene Brauerei: Eierberg Urstoff (dunkles), Wiesner Weiße (Weißbier, beide vom Fass)

KÜCHE:
Hausmacher Brotzeiten. Täglich große Karte mit warmen Gerichten. Spezialitäten: Hausmacher Brotzeiten, Grillspezialitäten.

GETRÄNKEPREIS:

PLÄTZE (FREI/REGENSICHER):
30/150

GUIDE-TIPP:
Spezialitäten vom Grill

DB Bad Staffelstein

OVF 8228 Bad Staffelstein Thermalbad

GPS: 50°05'46" N / 10°57'17" E

BRAUEREI GASTHOF THOMANN

WO DIE WURST NOCH EINE WURST IST

Bei Familie Thomann wird Handarbeit noch groß geschrieben – vom süffigen, dunklen Lagerbier bis zu den Brotzeiten stammt alles aus dem Hause selbst. Braumeister Alfons Thomann und sein Bier sind beide gleichermaßen berühmt und berüchtigt, im Sommer zaubert er zudem sein „Chef"-Weizen.

Übrigens: Wäre Wiesen eigenständig, würde es sogar Aufseß aus dem Guiness-Buch verdrängen: Eine Brauerei kommt hier auf ca. 150 Einwohner!

BIER:
Eigene Brauerei: Dunkles Lager, Hefeweizen (beide vom Fass).

KÜCHE:
Hausmacher Brotzeiten.
Täglich mittelgroße Karte mit warmen Gerichten. Spezialitäten: gemischte Bauernplatte, Schweine-, Sauerbraten, Rouladen.

GETRÄNKEPREIS:

PLÄTZE (FREI/REGENSICHER):
40/120

GUIDE-TIPP:
Dunkles Lagerbier

DB Bad Staffelstein
OVF 8228 Bad Staffelstein Thermalbad

BRAUEREI GASTHOF THOMANN
Altmainstraße 5
96231 Bad Staffelstein/OT Wiesen
Tel.: 09573-5296
www.gasthaus-thomann.de

ÖFFNUNGSZEITEN
Sa, So, Mo & Feiertage ab 11 Uhr
Mi bis Fr ab 16 Uhr
Dienstag Ruhetag

Waldklettergarten Banz

Der Klettersport ist in den letzten Jahren mächtig in Mode gekommen, allerdings ist man im Herz der Fränkischen Schweiz bereits auf dem Rückzug. Zu gross sind die Schäden an den Felsformationen des Naturparks. Nur wenige Kilometer entfernt gibt es jetzt eine Alternative (mit Biergarten obendrauf!): Den Waldklettergarten Banz.

Ehemals spielten hier die Mönche unter den altehrwürdigen Buchen gegenüber vom Kloster Banz. Jetzt können Sie hier über den Pfaden der Mönche im Hochseilgarten in den Kronen der Bäume lustwandeln. Das Gelände liegt oberhalb der Festwiese der „Songs an einem Sommerabend", dem renommierten Liedermacherfestival. Freuen Sie sich also auf Adrenalinschübe, Grenzerfahrungen, Riesenspaß und das Bio-Bierchen danach. Der Besuch lohnt sich, egal ob Sie in luftiger Höhe im Abenteuerpark klettern, auf der historischen Naturkegelbahn eine ruhigere Kugel schieben, sich beim Boccia austoben oder nach dem Wandern von den urigen Eichennaturbänken aus die Bäume und eine herrliche Aussicht auf den Gottesgarten am Obermain genießen wollen. Auf die Jüngsten wartet sogar ein eigener Kinderparcours.

Waldklettergarten Banz
GmbH u. Co. KG
Forsthaus Banz
96231 Bad Staffelstein
Tel: 09573-222570

Öffnungszeiten:
Täglich 10.30-18.00 Uhr, außerhalb der Ferien montags Ruhetag (wetter- oder saisonalbedingte Änderungen der Öffnungszeiten erfahren Sie auf der Homepage oder per Telefon)

WWW.WALDKLETTERGARTEN-BANZ.DE

Bamberg Süd

Im Süden von Bamberg setzt sich unser Brauerei-Highway fort in Richtung Forchheim und Erlangen, also quasi von der Sandkerwa zum Annafest und zur Bergkerwa. Doch sollte man – trotz nüchternem Chauffeur– eher in Schlangenlinien fahren, um den vielen Landbrauereien auf der Strecke ebenfalls einen Besuch abzustatten. Diese zeichnen sich hier meist durch eine eher gehobene Gastronomie aus (neben gutem Bier natürlich). Die Preise haben allenthalben in der Region etwas angezogen, bleiben aber trotzdem noch im fränkischen Rahmen, wodurch es auch viele Landpartien für den kleinen Geldbeutel gibt.

= Autobahn = Landstraße = Bahnstrecke

Dabei sollten Sie einige Pflichttermine nicht verstreichen lassen, wie zum Beispiel den Bockbieranstich in Ampferbach, dem Woodstock der Fränkischen Kulturlandschaft. Wer es eher yuppie-mäßig mag, der kann im Biergarten der Mühle sogar seinen Cocktail zum Gerstensaft genießen. Lassen Sie sich also überraschen…

▭ = Straße ● = Bierkeller auf Seite im Kreis

GPS: 49°48′01″ N / 11°00′51″ E

BACKSTAHÄUSLA

DER UNGAR UNTER DEN BIERGÄRTEN

BIER:
Löwenbräu/Buttenheim: Lager (vom Fass), Pils, Bock (saisonal), Festbier, Weizen, Alkoholfreies.

KÜCHE:
Fränkische Brotzeiten. Täglich mittelgroße Karte mit warmen Gerichten. Spezialitäten: Rindergulasch, Schnitzel, ungarische Paprika-Salami.

GETRÄNKEPREIS:

PLÄTZE (FREI/REGENSICHER):
80/45

GUIDE-TIPP:
Ungarische Salami

DB Buttenheim

Gulasch, Schaschlik, Krautwickel, ungarische Paprika-Salami, ein original ungarischer Chef und Koch mit Namen Janos Cseho-Kovacs – wer will da noch an den Plattensee? Vor allem, wenn die stets freundliche Bedienung dazu noch ein kühles Buttenheimer Löwenbräu serviert … Kein Bierkeller im eigentlichen Sinn, aber für uns unbedingt einen Exoten-Tipp wert. Lassen Sie sich überraschen!

BACKSTAHÄUSLA
Am Bahnhof 1
96146 Altendorf
Tel.: 09545-1704

ÖFFNUNGSZEITEN
Täglich ab 10 Uhr
Mittwoch ab 16 Uhr
Dienstag Ruhetag

GPS: 49°47'48" N / 11°00'38" E

EGLOFFSTEINER HOF

In der sechsten Generation ist die ehemalige Poststation immer noch fest in der Hand der Familie Fleischmann. Inhaber Werner ist besonders stolz auf die große Gartenlaube und die regelmäßigen Fischtage, an denen freitags gegrillte Makrelen, Heringe und Forellen von einer begeisterten Fangemeinde verzehrt werden. Ansonsten klassische fränkische Küche. Essen mitbringen ist nur mittags und nur Arbeitern erlaubt, die zur Brotzeit kommen.

GEGRILLTER FISCH MIT FANGEMEINDE

BIER:
St. Georgen Bräu/Buttenheim: Keller, Pils, Weizen (alle vom Fass), dunkles Landbier, helles Vollbier, leichtes Weizen, Alkoholfreies.

KÜCHE:
Fränkische Brotzeiten. Täglich große Karte mit warmen Gerichten. Spezialitäten: gegrillter Fisch (Fr), Rinderfilet, Braten, Saisonküche.

GETRÄNKEPREIS:

PLÄTZE (FREI/REGENSICHER):
180/140

GUIDE-TIPP:
Gegrillter Fisch

EGLOFFSTEINER HOF
Egloffsteiner Ring 2
96146 Altendorf
Tel.: 09545-313
eMail: info@gasthaus-egloffsteiner-hof.de

ÖFFNUNGSZEITEN
Di bis Fr 11 bis 14.30 Uhr
und ab 16.30 Uhr
Sa und So ab 11 Uhr
Montag Ruhetag

DB Buttenheim

GPS: 49°47'47" N / 11°00'37" E

WIRTSHAUS MÜHLE

Das Wirtshaus Mühle bestícht mit fünf Ebenen Mischung aus Geschichte und Gegenwart. Überall begegnen den Gästen Zeugen aus der Historie des Hauses als Getreidemühle aus dem 18. Jahrhundert. Das Besondere am Biergarten ist, dass man hier auch Cocktails und italienische Kaffeespezialitäten serviert bekommen kann – zugegeben, nicht gerade Tradition, aber bei dem Ambiente absolut verzeihlich und irgendwie innovativ.

BIERGARTEN MIT CAIPI UND LATTE

BIER:
Ott/Oberleinleiter: Export (vom Fass). Blauer Löwe/Höchstadt: Weizen (vom Fass). Schlenkerla/Bamberg: Rauchbier (vom Fass). Becks: Alkoholfreies. Erdinger: Alkoholfreies Weizen.

KÜCHE:
Täglich große Karte mit warmen Gerichten. Spezialitäten: Mühlentöpfchen, Gemüserösti, Steakletts vom Angusrind.

GETRÄNKEPREIS: 🍺🍺

PLÄTZE (FREI/REGENSICHER):
50/60

GUIDE-TIPP:
Mühlentöpfchen

DB Buttenheim 🚶

WIRTSHAUS MÜHLE
Egloffsteiner Ring 52
96146 Altendorf
Tel.: 09545-442244
eMail: dresel@wirtshaus-muehle.de
www.wirtshaus-muehle.de

ÖFFNUNGSZEITEN
Mi bis Sa ab 17.30 Uhr
So ab 16.30 Uhr
Montag und Dienstag Ruhetag

GPS: 49°50'28" N / 10°43'59" E

HERRMANN'S KELLER

SCHATTIGES JUWEL IM SCHATTEN DES MAX

Der fast immer schattige Herrmann's Keller hat Tradition: Seit 1754 in Familienbesitz hat er schon vieles erlebt, von Freilichttheatern bis zum jährlichen Open Air. Dass viele Leute den Namen Ampferbach und Bier eher mit dem direkten Nachbarn Maxkeller verbinden, ist eher unverständlich: Gilt der Herrmann's Keller doch bei Kennern als einer der schönsten Bierkeller überhaupt. Das frisch gebraute Bier lassen Papa und Sohn Herrmann wie zu alten Zeiten im Felsenkeller reifen. Zudem mit den hausgemachten Brotzeiten aus eigener Schlachtung – nicht verpassen: Schlachtschüssel!

BIER:
Eigene Brauerei: ungespundetes Lager (vom Fass), Hefeweißbier. Löwenbräu/München: Alkoholfreies.

KÜCHE:
Hausmacher Brotzeiten. Fr und Sa je ein warmes Gericht. Spezialitäten: Kellerplatte, Dosenfleisch, Gerupfter.

GETRÄNKEPREIS:

PLÄTZE (FREI/REGENSICHER):
400/110

GUIDE-TIPP:
Blut- und Leberwürste

HERRMANN'S KELLER
An der Staatsstraße nach Burgebrach
96138 Ampferbach
Tel.: 0177-6695609

ÖFFNUNGSZEITEN
Täglich ab 14 Uhr
Kein Ruhetag
Bei schlechtem Wetter geschlossen

OVF 8244 Ampferbach Ortsmitte

GPS: 49°50'29" N / 10°44'00" E

MAXKELLER AMPFERBACH

KULTKELLER MIT BIERLEGENDEN

Ich möcht a Biää vom Max, schenk doch mal oans ei!" – so schallt es spätestens am 1. Mai in Ampferbach a allen Kehlen, dann, wenn der Maxkeller seine Saison mit Party, Zelt und Bockbieranstich eröffnet (sogar für ein Shuttle-Dienst von und nach Bamberg wird gesorgt). Über die Zutaten zu de Bier mit dem vielsagenden Untertitel „Das Lebenselexir" rätselt man, seit es gebraut wird, allerdings konnte der Braumeister das Geheimnis bisher gut bewahren. Fest steht: es wirkt! Zu der Feiern kommen übrigens oft auch überregional bekannte Bands wie Neu mond und renommierte DJs wie Marc Knauer oder DJ Vibration.

BIER:
Eigene Brauerei: Maxbier (vom Fass). Clausthaler: Alkoholfreies.

KÜCHE:
Hausmacher Brotzeiten. Täglich kleine Karte mit warmen Gerichten. Spezialitäten: Maxplatte, selbstgemachter Gerupfter, hausgemachtes Dosenfleisch, hausgemachte Göttinger.

GETRÄNKEPREIS:

PLÄTZE (FREI/REGENSICHER):
200/100

GUIDE-TIPP:
Max-Bier

OVF 8244 Ampferbach Ortsmitte

MAXKELLER
96138 Burgebrach/OT Ampferbach
Tel.: 09546-1725 oder
0176-60878611
eMail: kontakt@maxbier.de
www.maxbier.de

ÖFFNUNGSZEITEN
Di und Fr ab 17 Uhr
Sa ab 16 Uhr
So ab 15 Uhr
Mo, Mi und Do Ruhetag

GPS: 49°49'24" N / 10°44'11" E

HIRSCHENKELLER

Schon der Großvater von Inhaber Friedrich Butterhof bewirtete seine Gäste am Burgebracher Kellerberg. Heutzutage führt der Enkel durch die Stollen, die im Zweiten Weltkrieg als Luftschutzbunker dienten, und serviert danach einen edlen Kellergeist. Die Genießer können danach noch den „Hirschbua" probieren, ein besonderer Schnaps, den es nur vor Ort zu kosten gibt. Kellerbrotzeiten zum selbst zusammenstellen und ein wechselndes Angebot an warmen Gerichten stillen den Hunger der Kellerbesucher.

SPARERIBS & „HIRSCHBUA"

HIRSCHENKELLER
Kellerberg 2
96138 Burgebrach
Tel.: 09546-921138
eMail: hirschburgebrach@aol.com
www.goldener-hirsch-burgebrach.de

ÖFFNUNGSZEITEN
Mo bis Fr ab 16 Uhr
So und Feiertage ab 15 Uhr
Kein Ruhetag
Bei schlechtem Wetter geschlossen

BIER:
Schloßbrauerei Reckendorf: Keller, Hefeweizen (beide vom Fass). Kundmüller/Weiher: Rauchbier. Kaiser/Neuhaus: Alkoholfreies. Erdinger: Alkoholfreies Weizen.

KÜCHE:
Fränkische Brotzeiten. Täglich kleine Karte mit warmen Gerichten. Spezialitäten: Spareribs, Zwiebelkuchen, hausgemachte Pizza.

GETRÄNKEPREIS:

PLÄTZE (FREI/REGENSICHER):
75/25

GUIDE-TIPP:
Spareribs

OVF 8223 Burgebrach
Einkaufsmarkt Hahner

GPS: 49°49'21" N / 10°44'12" E

SCHWANAKELLER

FELSENKELLER AUF ZWEI ETAGEN

Auf dem Schwanakeller ist Tradition angesagt: klassische Selbstbedienung, eigenes Essen erlaubt, ausgewählte fränkische Spezialitäten und ein richtiger Bierkeller auf Naturboden. Imposante alte Bäume und ein großer Spielplatz komplettieren das Angebot. Wer also den (kellertypischen) kleinen Anstieg erklommen hat, kann sich auf Bierkultur in Reinform und eigenes frisches Bier vom Fass, zumeist vom Wirt höchstselbst gezapft, freuen.

BIER:
Eigene Brauerei: Kellerbier (vom Fass), Weizen. Löwenbräu/München: Alkoholfreies.

KÜCHE:
Hausmacher Brotzeiten. Täglich kleine Karte mit warmen Gerichten. Spezialitäten: Knöchla, Fisch, Wurst mit Musik.

GETRÄNKEPREIS:

PLÄTZE (FREI/REGENSICHER):
220/100

GUIDE-TIPP:
Geräucherter Fisch

OVF 8223 Burgebrach
Einkaufsmarkt Hahner

SCHWANAKELLER
Kellerberg 1
96138 Burgebrach
Tel.: 09546-306
eMail: info@schwanawirt.de
www.schwanawirt.de

ÖFFNUNGSZEITEN
Täglich ab 15 Uhr
Kein Ruhetag
Bei schlechtem Wetter geschlossen

GPS: 49°51'28" N / 10°51'27" E

Brauerei-Gasthof Müller

Der Beginn der Brautradition in der kleinen Brauerei datiert auf das Jahr 1699. Seit nunmehr über fünf Generationen werkelt Familie Müller am Ortsausgang von Debring – und das sehr erfolgreich. Neben Pils und dunklem Vollbier bietet die Brauerei nun auch das „Michala", ein natürtrübes, sehr süffiges Bier. Abgerundet wird das Angebot mit Hausmacherbrotzeiten aus eigener Schlachtung und je nach Jagdglück mit frischem Wild. Das angebotene 5-Liter-Fass zum Mitnehmen ist erfreulicherweise kein Blechdöschen, sondern ein ordentliches Mehrwegfass – vorbildlich!

Lauschig im Hinterhof

BRAUEREI-GASTHOF MÜLLER
Würzburger Straße 1
96135 Debring
Tel.: 0951-29191

ÖFFNUNGSZEITEN
Täglich ab 11 Uhr
So & Feiertage ab 10 Uhr
Montag Ruhetag
(wenn Mo Feiertag, dann Di Ruhetag)

BIER:
Eigene Brauerei: Pils, Dunkles, Michala (naturtrüb), Weizen, Weihnachtsbock (saisonal) (alle vom Fass). Löwenbräu/München: Alkoholfreies.

KÜCHE:
Hausmacher Brotzeiten. Täglich große Karte mit warmen Gerichten. Spezialitäten: Karpfen, Pfannenschnitzel, Hausmacher Brotzeiten.

GETRÄNKEPREIS:

PLÄTZE (FREI/REGENSICHER):
60/125

GUIDE-TIPP:
Hausmacher Brotzeiten (eigene Hausschlachtung)

OVF 8244 + 8223 Debring
StWB Debring (12)

GPS: 49°44'30" N / 10°40'05" E

LANDGASTHOF STERNBRÄU

STERNHAGELVOLL IN ALTEN GEMÄUERN

Der erst vor kurzem komplett sanierte Landgasthof kann auf eine lange Tradition zurückblicken. Im Gegensatz zu vielen anderen konnte die eigene Brauerei erhalten werden, sodass man heute immer noch das unfiltrierte trübe Zwickel nebst Vollbier und dunklem Kellerbier genießen kann. Auf der umfangreichen Speisekarte stehen unter anderem ein feines Braumeisterhacksteak, Hirschbraten und vegetarische Gerichte vom Bratling bis zur Dinkelsuppe. Unbedingt die hausgebrannte Obstschnäpse probieren!

BIER:
Eigene Brauerei: Helles Vollbier, Zwickel, dunkles Kellerbier, Bock (Christi Himmelfahrt) (alle vom Fass). Paulaner/München: Alkoholfreies.

KÜCHE:
Hausmacher Brotzeiten. Täglich große Karte mit warmen Gerichten. Spezialitäten: Pfannenschnitzel, Lendchen, vegetarische Gerichte, selbstgebackenes Brot.

GETRÄNKEPREIS:

PLÄTZE (FREI/REGENSICHER):
40/120

GUIDE-TIPP:
Schweinelendchen in Pfefferrahm

OVF 8227 Elsendorf Kreuzung

LANDGASTHOF STERNBRÄU
Braugasse 2
96132 Elsendorf/Schlüsselfeld
Tel.: 09552-310
eMail: gasthof.sternbraeu-lindner@t-onl
www.landgasthof-sternbraeu.de

ÖFFNUNGSZEITEN
Mo bis Fr ab 17 Uhr
Sa ab 10.30 Uhr
So & Feiertage ab 9 Uhr
Dienstag Ruhetag

GPS: 49°52'23" N / 10°48'02" E

ERLAUER BIERGARTEN

Der Erlauer Biergarten erholt sich gerade von vielen Jahren des Niedergangs. Seit 2004 ist nun Erich Weigant am Steuer und bemüht sich erfolgreich um eine Renaissance des großen Klassikers an der Frankenstraße. Bei den Einheimischen muss er zwar noch Überzeugungsarbeit leisten, dafür haben gerade die Bamberger die Hausmannskost für sich entdeckt. Die ist auch oftmals spektakulär, 2006 gab's zum Beispiel Meter-Bratwurst oder ein ganzes Spanferkel vom Grill. Mangels Kirche hat man hier übrigens kurzerhand den Feuerwehrturm (mit Glocke) zum Kirchturm erklärt und feiert auf dem Erlauer Keller jedes Jahr am zweiten Oktoberwochenende Kerwa.

KIRCHWEIH OHNE KIRCHE

BIER:
Kundmüller/Weiher: Lager, Pils, Rauchbier, Weizen (alles vom Fass). Clausthaler, Mönchshof: Alkoholfreies.

KÜCHE:
Brotzeiten. Täglich mittelgroße Karte mit warmen Gerichten. Sonntag Mittagstisch. Spezialitäten: Schäuferla, Haxen.

GETRÄNKEPREIS:

PLÄTZE (FREI/REGENSICHER):
250/50

GUIDE-TIPP:
Schäuferla

ERLAUER BIERGARTEN
Lange Straße 27
96194 Walsdorf/Erlau
Tel.: 09549-987971

ÖFFNUNGSZEITEN
Mo bis Sa ab 14 Uhr
So und Feiertage ab 9 Uhr
Mai bis Sep kein Ruhetag
Okt bis Apr Dienstag Ruhetag

OVF 8244 Erlau Gh Kießling
STWB Mühlendorf (12)

P

Schloß Weißenstein, Pommersfelden

GPS: 49°49'02" N / 10°51'58" E

LANDGASTHOF PICKEL

FEINSCHMECKER-BIERGARTEN MIT STORCH AUF DEM DACH

Der Storch auf dem Dach hat das einzig Richtige getan – sich dauerhaft beim „Pickel" niedergelassen. Seit mehr als 10 Jahren steht der Landgasthof bereits ununterbrochen im Feinschmeckerführer. Inhaber Josef Pickel ist berufenes Mitglied im „Maître de la Table". Man kann sich also entweder als „normaler" Biergartengast auf die vielen unterschiedlichen lokalen Biersorten und Schinken- oder Käseplatten stürzen, oder aber man kostet als eher ambitionierter Gast das Angus-Rind und den umfangreichen Weinkeller.

BIER:
Friedel/Zentbechhofen: Vollbier (vom Fass). St. Georgen Bräu/Buttenheim: Kellerbier (vom Fass). Spezial/Bamberg: Rauchbier. König/Duisburg: Pils.

KÜCHE:
Fränkische Brotzeiten. Täglich große Karte mit warmen Gerichten. Spezialitäten: Steigerwälder Lammcarré, gebratener Spanferkelrücken.

GETRÄNKEPREIS:

PLÄTZE (FREI/REGENSICHER):
150/170

GUIDE-TIPP:
T-Bone-Steak

OVF 8223/8233/8227

Frensdorf Bahnhof

LANDGASTHOF PICKEL
Marktplatz 5
96158 Frensdorf
Tel.: 09502-334
eMail: landgasthofpickel@t-online.de
www.landgasthof-pickel.de

ÖFFNUNGSZEITEN
Täglich von 11 bis 14.30 Uhr
und ab 16.30 Uhr
Dienstag Ruhetag

GPS: 49°50'20" N / 10°45'53" E

BRAUEREI KAISER

VON BOCKBIER ÜBER FESTBIER ZUM STARKBIER

Der über 200 Jahre alte Brauereigasthof steht fest im Zeichen des Bieres: Neben den zahlreichen Standardgerstensäften findet sich hier auch ein naturtrübes, goldgelbes, fruchtiges Weizen. Dazu gibt's ab und an Schlachtschüssel, ansonsten klassische Kellergerichte aus eigener Hausschlachtung vom Schinken bis zum Zwetschgenbames. Eigenes Essen mitbringen ist übrigens ausdrücklich erlaubt.

BRAUEREI KAISER

Grasmannsdorf 9
96138 Burgebrach
Tel.: 09546-390
eMail: brauerei-kaiser@gmx.de
www.brauerei-kaiser.de

ÖFFNUNGSZEITEN

Täglich ab 9 Uhr
Sa ab 18 Uhr geschlossen
Montag Ruhetag

BIER:

Eigene Brauerei: Kaiserbier (Pils vom Fass), Weißbier (Mai bis September), Bockbier (saisonal).
Bürgerbräu: Alkoholfreies.

KÜCHE:

Hausmacher Brotzeiten. Spezialitäten: Dosenfleisch, Schinken, Zwetschgenbames, Schlachtschüssel (bitte nachfragen).

GETRÄNKEPREIS:

PLÄTZE (FREI/REGENSICHER):

100/50

GUIDE-TIPP:

Weißbier

OVF 8223 Grasmannsdorf

GPS: 49°48′57″N / 10°59′12″ E

Brauerei-Gasthof Kraus

GUTE FAMILIENTRADITION

Über viele Jahre bzw. Jahrhunderte schon ist der Brauerei-Gasthof Kraus Zentrum des Hirschaider Lebens. Im Familienbesitz ist die Brauerei (1664 erstmals erwähnt) seit 1845.

Zwischendurch stelle man sogar den Bürgermeister. Heute ist Hilde Kraus allgegenwärtige Chefin und geachtetes Mitglied der Gemeinde. Sie organisiert Benefizaktionen und ist immer Ansprechpartnerin für die Hirschaide Seit 2006 gibt's das Bier sogar in Bügelflaschen, dem Krausenbügel. Empfohlen sei der Hirschentrunk und für experimentierfreudige das Laplan Saunabier.

BIER:
Eigene Brauerei: Lager, Pils, Weizen, Hefeweißbier, Hirschtrunk (alle vom Fass).

KÜCHE:
Hausmacher Brotzeiten. Täglich mittelgroße Karte mit warmen Gerichten. Spezialitäten: Hausplatte, Schäuferla, Knöchla, ofenfrischer Leberkäse.

GETRÄNKEPREIS:

PLÄTZE (FREI/REGENSICHER):
500/450

GUIDE-TIPP:
Hirschentrunk

DB Hirschaid

BRAUEREI-GASTHOF KRAUS
Luitpoldstraße 11
96114 Hirschaid
Tel.: 09543-84440
eMail: brauerei.kraus@t-online.de

ÖFFNUNGSZEITEN
Täglich ab 8 Uhr
Dienstag Ruhetag im Gasthof

GPS: 49°49'12" N / 10°59'46" E

Häschaadä Keller

Der Häschaadä Keller ist für die Hirschaider so etwas wie der Neubert. Hat man gerade Zeit und will mit der Familie etwas unternehmen, dann geht man eben dorthin. Zu dem einen zum Möbelgucken, zu dem anderen eben auf ein gutes Bier mit Brotzeit. Insbesondere ist der Presssack einen Test wert – er wird noch selbst hergestellt und hat immer wieder eine eigene Note. Offen ist übrigens eigentlich immer, sogar öfter als beim großen Bruder mit den Möbeln …

Keller ohne Friteuse

Häschaadä Keller

Maximilianstraße
gegenüber der Autobahnmeisterei
96114 Hirschaid
Tel.: 09543-3758

Öffnungszeiten

Mo bis Sa ab 15 Uhr
So ab 14 Uhr
Feiertage ab 11 Uhr
Kein Ruhetag
Bei schlechtem Wetter geschlossen

Bier:
Mahr´s/Bamberg: Keller (vom Fass). Kraus/Hirschaid: Lager (vom Fass). Clausthaler: Alkoholfreies.

Küche:
Hausmacher Brotzeiten. Täglich kleine Karte mit warmen Gerichten. Spezialitäten: Hausmacher Sülze mit Bratkartoffeln, Presssack, Göttinger, selbstgemachter Gerupfter.

Getränkepreis:

Plätze (frei/regensicher):
400/0

Guide-Tipp:
Presssack

DB Hirschaid

GPS: 49°49'08" N / 10°40'40" E

BRAUEREI-GASTHOF ZEHENDNER

Beim „Zehendner" teilen sich Bier und selbstgebackenes Brot den guten Ruf. Und das zu Recht. Am besten allerdings, so schwören die Kenner und Stammkunden, schmeckt beides zusammen. Zum Beispiel mit der berühmten Knoblauchbratwurst und Senf oder für die Vegetarier mit Ziebeleskäse vom Biobauern. Kinder können sich auf dem kleinen Kinderspielplatz austoben, für die Väter kann nach telefonischer Anmeldung auch eine Brauereiführung organisiert werden. Weinkenner sollten auch die guten Frankenweine kosten.

BIER UND BROT AUS EINER HAND

BIER:
Eigene Brauerei: Ungespundetes Lager, Export (beide vom Fass), Hefeweizen. Kritzenthaler: Alkoholfreies.

KÜCHE:
Hausmacher Brotzeiten. Täglich ein warmes Gericht. Spezialitäten: selbstgemachte Sülze, Strammer Max, Gerupfter, Ziebeleskäse (vom Bio-Bauern), selbstgebackenes Brot.

GETRÄNKEPREIS:

PLÄTZE (FREI/REGENSICHER):
70/50

GUIDE-TIPP:
Bratwürste

OVF 8223 Mönchsambach

BRAUEREI-GASTHOF ZEHENDNER
Mönchsambach 18
96138 Burgebrach
Tel.: 09546-380
eMail: brauerei.zehendner@t-online.de
www.moenchsambacher.de

ÖFFNUNGSZEITEN
Di bis So ab 9 Uhr
Montag Ruhetag
(wenn Montag Feiertag, dann Dienstag Ruhetag)

GPS: 49°52'07"N / 10°48'44" E

MÜHLENBRÄU-KELLER

EIN WIEDERERWECKTER KLASSIKER

In langer Familientradition der Familie Merklein war der Mühlenbräu-Keller schon vor Jahrzehnten ein beliebtes Ziel für Wanderer und Radfahrer, dann für einige Zeit geschlossen und ist nun seit etwa 15 Jahren wieder geöffnet. Direkt an der Aurach schmecken das Bier aus eigener Brauerei (Mühlenbräu Hell vom Fass) und die Brotzeiten aus Hausschlachtung besonders gut. Mit Liebe selbst gemacht wird auch der Gerupfte.

BIER:
Eigene Brauerei: Helles (vom Fass).

KÜCHE:
Hausmacher Brotzeiten. Täglich ein wechselndes Gericht. Spezialitäten: hausgemachter Zwetschgenbames, selbstgemachter Gerupfter, Hausplatte.

GETRÄNKEPREIS:

PLÄTZE (FREI/REGENSICHER):
120/0

GUIDE-TIPP:
Zwetschgenbames

MÜHLENBRÄU-KELLER
Neukreuthstraße 7
96135 Mühlendorf
Tel.: 0951-29119

ÖFFNUNGSZEITEN
Mai bis Sep täglich ab 16 Uhr
So & Feiertage ab 15 Uhr
Dienstag Ruhetag
Bei schlechtem Wetter geschlossen

OVF 8244 Mühlendorf Ortsmitte
STWB Neukreuth (12)

GPS: 49°54'28" N / 10°40'36" E

BÖLLNER'S BIERGARTEN

SCHWEIN GEHABT

BIER:
Veldensteiner: Zwickel (vom Fass), Keller, Pils, Weizen. Kaiser Bräu/ Neuhaus: Alkoholfreies.

KÜCHE:
Hausmacher Brotzeiten. Täglich große Karte mit warmen Gerichten. Spezialitäten: Brotzeiten aus eigener Herstellung, verschiedene Steaks.

GETRÄNKEPREIS:

PLÄTZE (FREI/REGENSICHER):
200/80

GUIDE-TIPP:
Steaks

OVF 8244 Dankenfeld

Hier muss das Glück sein Zuhaus haben: Zwei amerikanische Mir Pigs (haben nichts mit der gleichnami Band aus den 80ern zu tun) namens „Pink" und „Floyd" sind die Attraktion d Biergartens mit mediterranem Flair. F man dem kleinen, selbstgemalten Sch „Biergartenstraße" an einer der Garage seitenwände, dann erreicht man einig hundert Meter später die zwei Terrass für die Durstigen – und vor allem für c Hungrigen: Es gibt zwar definitiv kein Mini-Pig-Fleisch, dafür aber viele Köst keiten aus der hauseigenen Metzgere

BÖLLNER'S BIERGARTEN
Von-Ostheim-Straße 42
Dankenfeld
97514 Oberaurach
Tel.: 09549-453
www.gasthausboellner.de

ÖFFNUNGSZEITEN
Täglich ab 16 Uhr
Montag Ruhetag
Bei schlechtem Wetter geschlossen

GPS: 49°56'58" N / 10°35'39" E

BRAUEREI ZENGLEIN

Hier würde sich der Ururgroßvater im Grabe nicht herumdrehen: Noch immer braut man das Bier nach den Rezepten aus den Gründerjahren der Brauerei (1846). Der heutige Familienchef Friedrich Zenglein zeigt auch stolz jedem Besucher die diversen Bierdevotionalien des Hauses. Die beiden Stammbiere, Pils und Zwickel, haben einen eigenen, kernigen Geschmack und hinterließen die Redaktion absolut überzeugt. Die alten Rezepte finden übrigens auch bei der hausgemachten Wurst Anwendung.

TRADITION SEIT 150 JAHREN

BIER:
Eigene Brauerei: Pils (vom Fass), Zwickel (Flasche), dunkler Bock (saisonal). Göller/Zeil a.M., Erdinger: Weißbier.

KÜCHE:
Hausmacher Brotzeiten. Täglich große Karte mit warmen Gerichten. Spezialitäten: Wild, Zunge, Schäuferle, Karpfen (Sep bis März).

GETRÄNKEPREIS:

PLÄTZE (FREI/REGENSICHER):
50/150

GUIDE-TIPP:
Zunge

BRAUEREI ZENGLEIN
Pfarrer-Baumann-Straße 21
97514 Oberschleichach
Tel.: 09529-92240
Fax: 09529-922444

ÖFFNUNGSZEITEN
Do bis Mo ab 8 Uhr
Dienstag und Mittwoch Ruhetag

OVF 8244 Oberaurach

GPS: 49°55'18" N / 10°39'22" E

HUMMELHOF

NATUR PUR

Der Hummelhof liegt etwas abseits der Straße von Trossenfurt nach Hummelmarter auf der linken Seite. Das Haus mutet an, als wäre es nicht gebaut worden, sondern nach und nach aus der Erde gewachsen. Die Dächer sind mit Gras bewachsen, der kleine Innenhof und Biergarten wird von Wein um- und überrankt. Der Familienbetrieb setzt auf Selbstversorgung – alle Rohstoffe kommen aus der Region, sogar der Strom wird selbst erzeugt. Für Entertainment sorgen optional Ballonfahrten und Hundeschlitten. Neu hinzugekommen: Eine Rennbahn, genannt „Formel 5". Die Küche ist absolut köstlich, die Redaktion bedauerte, dass alle Töchter bereits vergeben waren ...

BIER:
Hummel/Merkendorf: Kellerbier (Fass), Pils, Räucherla. Lammsbräu/Neumarkt: Öko Dunkel, Öko Hefe, Alkoholfreies.

KÜCHE:
Brotzeiten. Täglich große Karte mit warmen Gerichten. Spezialitäten: zarte Steaks, Schweinelende, Pfiffer (saisonal).

GETRÄNKEPREIS:

PLÄTZE (FREI/REGENSICHER):
70/30

GUIDE-TIPP:
Die Karte von A bis Z

OVF 8244 Tretzendorf

HUMMELHOF
Hummelhof 1
97514 Trossenfurt
Tel.: 09522-5553
www.der-hummelhof.de
www.formel5.de

ÖFFNUNGSZEITEN
Mi bis Fr ab 17 Uhr
Sa, So & Feiertage ab 11 Uhr
Montag & Dienstag Ruhetag

GPS: 49°55'33" N / 10°39'56" E

ROPPELT-KELLER

Der Roppelt-Keller erstreckt sich über fünf Ebenen, teils überdacht, an einem Berghang in Trossenfurt. Mit großen Bäumen gut beschattet und einem Fußballplatz für die Kinder bietet er für Familen ein perfektes Ambiente. Das dunkle Bier ist megasüffig, schmeckt malzig, fast ein bisschen schokoladig. Das Lagerbier ist leichter, auch malzig und rinnt nicht minder geschmeidig die Kehle hinunter. Brauereichef Michael Roppelt ist ein sehr umgänglicher Zeitgenosse, der immer mal gerne ein Wort mit den Gästen wechselt.

VIELE ETAGEN

ROPPELT-KELLER
An der Steige 2
97514 Oberaurach-Trossenfurt
Tel.: 09522-1230 oder -1840

ÖFFNUNGSZEITEN
Täglich ab 16 Uhr
Dienstag Ruhetag

BIER:
Eigene Brauerei: Dunkles, Lagerbier (vom Fass). Wechselnde Brauerei: Weizenbier, Alkoholfreies (Flasche).

KÜCHE:
Hausmacher Brotzeiten. Täglich kleine Karte mit warmen Gerichten. Spezialitäten: Kellerschnitzel, selbstgemachter Kochkäse.

GETRÄNKEPREIS:

PLÄTZE (FREI/REGENSICHER):
200/60

GUIDE-TIPP:
Kellerschnitzel, Kochkäse

OVF 8244 Trossenfurt

GPS: 49°50'13" N / 10°55'40" E

SCHRAUDER-KELLER

ROMANTIK AUF MEHREREN EBENEN

Der Schrauder-Keller liegt für alle Bamberger ideal an dem idyllischen Waldradweg nach Pettstadt Man kann kaum vorbeifahren, ohne zumindest auf ein Seidla anzuhalten. Ob gerade geöffnet ist, zeigt schon vor weitem die Fahne an. Dann herrscht eigentlich fast immer Hochbetrieb an den Biertischen unter den hohen alten Bäumen. Für die Kinder gibt es einen großen, gut ausgestatteten Spielplatz und für Fisch-Freaks jeden Donnerstag Fanggut vom Grill.

BIER:
Löwenbräu/Buttenheim: Lager (vom Fass), Weizen. Löwenbräu/München: Alkoholfreies.

KÜCHE:
Fränkische Brotzeiten. Spezialitäten: Backstakäs, Steaks vom Grill (Di), Kuchen (So), Heringe & Makrelen vom Grill (Do).

GETRÄNKEPREIS:

PLÄTZE (FREI/REGENSICHER):
400/200

GUIDE-TIPP:
Käseplatte

SCHRAUDER-KELLER
Richtung Höfen
96175 Pettstadt
Tel.: 0170-8620780

ÖFFNUNGSZEITEN
Täglich ab 14.30 Uhr
So & Feiertage ab 10 Uhr
Kein Ruhetag

OVF 8233 + 8227 Pettstadt Ortsmitte

GPS: 49°45'29" N / 10°49'08" E

KELLERHAUS

AUS ALT MACH NEU

Im Jahr 1840 errichtete man das kleine Kellerhaus in Pommersfelden, etwa einen Kilometer vom Schloss entfernt. Auf den Felsenkellern stand fortan ein zweistöckiger, kleiner Bau für Brotzeit und Feierlichkeiten der Bediensteten des Schlosses Weißenstein. Mit den Jahren entfiel die Bestimmung und verfiel das Kellerhaus – doch 2006 erweckte Rosemarie Hofmann das Häuschen wieder zum Leben: das Kellerhaus entstand. Auf der riesigen Terrasse mit Traumblick auf das Schloss sitzt man gerne bei Bier oder Kaffee und Kuchen - der wird nämlich vom hauseigenen Konditormeister Joerg Wittke sensationell gut fabriziert. Noch besser übrigens das selbstgemachte Eis!

BIER:
Hofmann/Pahres: Pils, Keller, Dunkles (alle vom Fass), Weißbier. Jever: Jever Fun Alkoholfreies.

KÜCHE:
Baguettes und Salate. Täglich mittelgroße Karte mit warmen Gerichten. Spezialitäten: Flammkuchen, Torten, Kuchen, Eis.

GETRÄNKEPREIS:

PLÄTZE (FREI/REGENSICHER):
150/180

GUIDE-TIPP:
Flammkuchen, Eis

KELLERHAUS
Kellerberg 1
96178 Pommersfelden
Tel.: 09548-982198
eMail: info@kellerhaus-pommersfelden.de
www.kellerhaus-pommersfelden.de

ÖFFNUNGSZEITEN
Di bis Sa ab 12 Uhr
So ab 10 Uhr
Montag Ruhetag

OVF 8227 Pommersfelden Ortsmitte

GPS: 49°54'23" N / 10°42'39" E

BRAUEREI SCHRÜFER

Mit diesem Motto treten Otto und Ute Schrüfer an. Das allerdings sollte in irgendeiner Form mit den Schweinen und Schafen zu tun haben, die in der hauseigenen Landwirtschaft gehalten werden. Dann geht alles, von Hausmacher Brotzeiten über den eigenen Bier-Whisky (auch in der Halbliterflasche für Zuhause) bis zu Spezialitäten vom selbstgebauten Oklahoma-Grill (eine Mischung aus Kanone und Dampflok). Der wiederum ist nicht nur was für den Gaumen, sondern auch für die Augen.

„WAS GEFRAGT WIRD, WIRD GEMACHT"

BIER:
Eigene Brauerei: Vollbier (vom Fass).

KÜCHE:
Hausmacher Brotzeiten. Sonntag Mittagstisch. Spezialitäten: Selbstgemachte Pizza (Fr), Fisch vom Grill (Sa), Spareribs (Sa).

GETRÄNKEPREIS:

PLÄTZE (FREI/REGENSICHER):
200/40

GUIDE-TIPP:
Gegrillter Fisch vom Oklahoma-Grill

DB Bamberg

OVF 8244 Priesendorf

BRAUEREI SCHRÜFER
Hauptstraße 31
96170 Priesendorf
Tel.: 09549-317

ÖFFNUNGSZEITEN
Täglich ab 10 Uhr
Mittwoch Ruhetag
(wenn Mittwoch Feiertag, dann Donnerstag Ruhetag)

GPS: 49°52'23" N / 10°37'36" E

Gasthaus GOLDENER STERN

SOSSE Á LA MIRACULIX

Von der Straße gesehen sieht der Unwissende nicht, was für ein schöner Biergarten sich auf der Rückseite des Gasthauses Goldener Stern befindet. Ein Traumblick auf die Rauhe Ebrach und den dahinterligenden Wald, ein kleiner gepflegter Spielplatz und eine phantastische Küche erwarten den Gast. Besonderes Lob verdienen die Soßen, die hier noch nach Uraltrezepten selbst hergestellt werden und einen individuellen und kräftigen Eigengeschmack haben. Mit Zweitnamen heißt das Anwesen auch Gasthaus Staub, nach den Schwiegeltern der heutigen Besitzer Robert und Angelika Brühl, die einen weit bekannten guten Ruf aufgebaut haben. Zur Kerwa unbedingt probieren: Bocksbraten!

GASTHAUS GOLDENER STERN
Marktstraße 28
96181 Prölsdorf
Tel.: 09554-387

ÖFFNUNGSZEITEN
Täglich ab 10.30 Uhr
Mittwoch & Donnerstag Ruhetag

BIER:
Maisel/Bamberg: Michelsberger Dunkel (vom Fass), Pils (vom Fass), Bamberger Weiße, Alkoholfreies.

KÜCHE:
Hausmacher Brotzeiten. Täglich mittelgroße Karte mit warmen Gerichten. Spezialitäten: Wechselndes Sonntagsmenü, Cordon Bleu, Schnitzel, Gartenplatte.

GETRÄNKEPREIS:

PLÄTZE (FREI/REGENSICHER):
100/60

GUIDE-TIPP:
Gerichte mit Soßen aller Art

OVF 8244 Prölsdorf

GPS: 49°53′05″N / 10°35′14″ E

BRAUEREI-GASTHOF „ZUM GRÜNEN BAUM"

DIE LETZTE STATION ...

Vor dem Beginn Weinfrankens ist eine ganz besondere. In einer der kleinsten Brauereien Frankens werkelt Michael Bayer überaus erfolgreich und braut einen sensationell süffigen Gerstensaft. Im kleinen Innenhof sitzt man im Angesicht des Braukessels und möchte eigentlich nie wieder aufstehen – solange der Nachschub rollt. Mit dem Bier werden auch die Spezialitäten des Hauses verfeinert – von der Bierhaxe bis zum Bierschnitzel. Die Wurst stammt aus eigener Herstellung, die Lammgerichte stammen quasi von der Weide nebenan. Ein absoluter Geheimtipp!

BIER:
Eigene Brauerei: ungespundetes Lagerbier (vom Fass), Bockbier (saisonal). Krautheimer: Weizen, Pils, Alkoholfreies.

KÜCHE:
Hausmacher Brotzeiten. Täglich große Karte mit warmen Gerichten. Spezialitäten: Hausgemachter Wildschweinschinken, Lamm frisch von der Weide.

GETRÄNKEPREIS:

PLÄTZE (FREI/REGENSICHER):
60/95

GUIDE-TIPP:
Hausgemachter Wildschweinschinken

OVF 8244 Theinheim

BRAUEREI-GASTHOF „ZUM GRÜNEN BAUM"
Schulterbachstraße 15
Theinheim
96181 Rauhenebrach
Tel.: 09554-293
www.bayer-theinheim.de

ÖFFNUNGSZEITEN
Di bis So ab 9 Uhr
Montag Ruhetag
Wenn Montag Feiertag, dann Dienstag Ruhetag

GPS: 49°49'26" N / 10°53'21" E

Gasthaus Dotterweich

DER BIERGARTEN MIT LEHNE

Seit 1974 betreiben Manfred und Irene Dotterweich ihr Gasthaus in Reundorf. Die eigentliche Geschichte des Hauses datiert allerdings etwa 100 Jahre früher. Man sitzt windgeschützt und schattig und kann sich zurücklehnen. Allein das ist einen zusätzlichen Pluspunkt wert. Einen weiteren bringt die große Lego-Kiste am Spielplatz ein – damit sind die Kleinen mal nicht nur körperlich, sondern auch kreativ gefordert.

BIER:
Zehendner/Mönchsambach: Lager (vom Fass), Weizen. Kulmbacher: Alkoholfreies.

KÜCHE:
Hausmacher Brotzeiten. Täglich ein warmes Gericht. Spezialitäten: Brotzeitplatte, selbstgemachter Ziebeleskäs.

GETRÄNKEPREIS:

PLÄTZE (FREI/REGENSICHER):
200/120

GUIDE-TIPP:
Ziebeleskäs

GASTHAUS DOTTERWEICH
Reundorf neben der Kirche
Distelbergstraße 2
96158 Reundorf
Tel.: 09502-8460

ÖFFNUNGSZEITEN
Täglich ab 14 Uhr
So & Feiertage ab 10 Uhr
Dienstag Ruhetag

OVF 8233 + 8227 Reundorf Kirche

GPS: 49°48'53" N / 10°53'45" E

SCHMAUSENKELLER

EVOLUTION EINES KELLERS

Vor Jahren noch der unscheinbare Geheimtipp und nur von Leuten aus maximal zehn Kilometer Entfernun besucht, hat sich der Schmausenkeller in Rekordzeit gemausert. Mittlerweile ist an der wunderschön gelegenen Lich tung hinter Reundorf sogar ein großes Gasthaus entstanden - ein Geheimtipp ist die Ausflugslichtung nun allerdings nicht mehr. Man hat wirklich alles, was das Besucherherz begehrt: Gutes Bier, warme und kalte Küche (und Kuchen), einen wirklich großen Spielplatz und keinen Autoverkehr. Übrigens: Sogar ein Pferdeparkplatz ist vorhanden.

BIER:
Eigene Brauerei: Keller (vom Fass).
Kritzenthaler: Alkoholfreies.

KÜCHE:
Hausmacher Brotzeiten. Täglich mittelgroße Karte mit warmen Gerichten. Sonntag Mittagstisch. Spezialitäten: Hähnchen, Zwetschgenbames, Ziebeleskäs mit Salzkartoffeln, selbstgebackene Kuchen.

GETRÄNKEPREIS:

PLÄTZE (FREI/REGENSICHER):
650/120

GUIDE-TIPP:
Ziebeleskäs

OVF 8233 + 8227 Reundorf Kirche

SCHMAUSENKELLER
Am Bahnhof
96158 Reundorf
Tel.: 09502-608
eMail: brauereimueller@online.de

ÖFFNUNGSZEITEN
Ende März bis Mitte Okt
Mo bis Fr ab 16 Uhr
Sa ab 15 Uhr
So und Feiertage ab 11 Uhr
Kein Ruhetag
Bei schlechtem Wetter Donnerstag Ru

GPS: 49°48'03" N / 10°55'26" E

Brauerei Weber

Da, wo der Fisch nach Knoblauch duftet

Bei Webers dreht sich (fast) alles um das Thema Fisch: Knoblauch- und Pfeffer-Karpfen, Forelle blau und gebacken, diverse Filets und ab Mai jeden Dienstag Hering, Makrele und Forelle frisch vom Holzkohlengrill. Wem der Sinn dann trotzdem (oder nach einigen Besuchen doch mal) nach etwas anderem steht, der sollte den Hausmacher Leberkäs oder eine der Hausmacher Brotzeiten probieren. Dazu empfehlen wir das Rauchbier vom Fass.

BRAUEREI WEBER
Ringstraße 46
96114 Hirschaid/OT Röbersdorf
Tel.: 09543-7882

ÖFFNUNGSZEITEN
Täglich ab 9 Uhr
Mittwoch Ruhetag

BIER:
Eigene Brauerei: Helles Lager (vom Fass), dunkles Lager, Rauchbier. Püls/Weismain: Hefeweizen.

KÜCHE:
Hausmacher Brotzeiten. Täglich mittelgroße Karte mit warmen Gerichten. Sonntag Mittagstisch. Spezialitäten: Hausmacher Leberkäs, Schweinebraten.

GETRÄNKEPREIS:

PLÄTZE (FREI/REGENSICHER):
50/170

GUIDE-TIPP:
Knoblauch-Karpfen

OVF 8233 + 8227 Röbersdorf

GPS: 49°48'02" N / 10°55'28" E

Gasthaus Hotel Wurm

PRÄMIERTER KULT-FAMILIENBETRIEB

Den Wurm in Röbersdorf kennt nahezu jeder Oberfranke. Stand der Gasthof früher hauptsächlich für die besten Hähnchen der Region, so ist hier mittlerweile ein hochdekoriertes Restaurant entstanden. Nicht umsonst ist man inzwischen zum dritten Mal in Folge zum Landkreissieger des Wettbewerbs Bayerische Küche gekürt worden. Fest steht: Wenn man Hunger hat und in der Nähe ist, ist der Wurm immer die richtige Adresse.

BIER:
Löwenbräu/Buttenheim: Dunkles, Pils, Lager (alle vom Fass), Hefeweißbier, Keller leicht. Erdinger: Alkoholfreies Weizen, leichtes Weizen, Kristallweizen.

KÜCHE:
Hausmacher Brotzeiten. Täglich große Karte mit warmen Gerichten. Spezialitäten: Salate, Karpfen (saisonal), verschiedene Braten mit Bamberger Spitzkopfwirsing (So/Feiertage), selbstgebackenes Brot, selbstgebackene Kuchen und Torten.

GETRÄNKEPREIS:

PLÄTZE (FREI/REGENSICHER):
150/150

GUIDE-TIPP:
Röbersdorfer Pfännla

OVF 8233 + 8227 Röbersdorf

GASTHAUS HOTEL WURM
Ringstraße 40
96114 Hirschaid/OT Röbersdorf
Tel.: 09543-84330
eMail: gasthaus-wurm@t-online.de
www.gasthaus-wurm.de

ÖFFNUNGSZEITEN
Täglich ab 10 Uhr
Montag Ruhetag

GPS: 49°47'28" N / 10°54'33" E

Gasthof Bittel

Nicht nur die Pilger strömen seit Jahrzehnten nach Schlüsselau, auch die Bierfreunde lieben das etwa 500 Jahre alte Fachwerkhaus. Der Biergarten liegt malerisch und abgelegen, der Spielplatz ist eingezäunt und beinhaltet eine große Wiese zum Herumtollen und -toben. Besonders geliebt werden die teils exotischen Schnitzelvariationen und das nicht minder exotische Salzwasserfleisch.

WALLFAHRT ZUM BIER

GASTHOF BITTEL
Schlüsselau 15
96158 Frensdorf
Tel.: 09502-1339

ÖFFNUNGSZEITEN
Fr, So & Feiertage ab 16 Uhr
Sa ab 14 Uhr
Montag bis Donnerstag Ruhetag

BIER:
Mahr´s/Bamberg: Ungespundetes (vom Fass), Pils, Weizen. Kaiser/Neuhaus: Alkoholfreies.

KÜCHE:
Hausmacher Brotzeiten. Täglich große Karte mit warmen Gerichten. Spezialitäten: Schnitzelvariationen, Salzwasserfleisch, Karpfen (saisonal), fränkische Gerichte.

GETRÄNKEPREIS:

PLÄTZE (FREI/REGENSICHER):
75/145

GUIDE-TIPP:
Schnitzelkarte

OVF 8233 Schlüsselau Ortsmitte

GPS: 49°45'25" N / 10°37'16" E

SCHEUBEL-KELLER

DER SEIFEN-KISTEN-KELLER

Hier kommen unter anderem die Kinder auf ihre Kosten – mehrere Bobby-Cars stehen bereit, um damit den kleinen Hausberg

hinunterzudüsen. Auch ansonsten improvisiert man hier gerne – auf die Frage nach der eingeschnittenen Wurst zum Mitnehmen wurde kurzerhand ein Bierkrug als Behältnis umfunktioniert und mitverkauft. Auf jeden Fall sitzt es sich wunderbar auf dem ehemaligen Weinberg unter den uralten Kastanien – die Kellergerichte stammen aus Hausschlachtung.

BIER:
Eigene Brauerei: Helles Lagerbier (vom Fass). Löwenbräu/München: Alkoholfreies.

KÜCHE:
Hausmacher Brotzeiten. Keine warme Küche. Spezialitäten: Kellerplatte, Kümmelbauch, eingeschnittene Stadtwurst, Limburger mit Musik.

GETRÄNKEPREIS:

PLÄTZE (FREI/REGENSICHER):
200/0

GUIDE-TIPP:
Kellerplatte

OVF 8233 Schlüsselfeld

SCHEUBEL-KELLER
Am Weinberg
96132 Schlüsselfeld
Tel.: 09552-6673
www.brauerei-scheubel.de

ÖFFNUNGSZEITEN
Fr & Sa ab 17 Uhr
So & Feiertage ab 14 Uhr
Montag bis Donnerstag geschlossen

GPS: 49°51'26" N / 10°41'28" E

BÄHR-KELLER

Den Preis für den schönsten Sonnenuntergang hat der Bähr-Keller für uns auf jeden Fall gewonnen – mitten in Schönbrunn – richten sich im Spätsommer gegen 20 Uhr allabends alle Augen nach Westen, wenn ein glutroter Ball hinter der Silhouette des Ortes versinkt. Auch sonst ein sehr ambitionierter Keller im Steigerwald mit einem Kinderspielplatz, der den Namen auch verdient, für die Kleinen und mit der Option auf eine Brauereiführung durch Senior Otto Bähr für die Großen.

SUNSET IN FRANKEN

BÄHR-KELLER
Friedhofsweg, an der Steinsdorfer Straße
96185 Schönbrunn
Tel.: 09546-379 oder
0160-93110142
www.baehr-keller.de

ÖFFNUNGSZEITEN
Di bis Do ab 16 Uhr
Fr bis So ab 14 Uhr
Montag Ruhetag
Bei schlechtem Wetter geschlossen

BIER:
Eigene Brauerei: Pils (vom Fass).

KÜCHE:
Fränkische Brotzeiten. Täglich kleine Karte mit warmen Gerichten. Spezialitäten: selbstgemachte Pizza, Currywurst, Dosenfleisch.

GETRÄNKEPREIS:

PLÄTZE (FREI/REGENSICHER):
150/80

GUIDE-TIPP:
Pizza

OVF 8244 Schönbrunn Ortsmitte

GPS: 49°50'40" N / 10°58'08" E

GASTHOF LAMMBRÄU

Seit etwa 250 Jahren betreibt Familie Dauer den Gasthof Lammbräu in Strullendorf. Bis vor 25 Jahren auch mit eigener Brauerei, dann jedoch konnte der vorhandene Platz den Notwendigkeiten der Brauereirenovierung nicht genügen, und man entschloss sich zur Aufgabe des Brauens. Mit dem Bamberger Fässla wurde aber ein guter Ersatz gefunden – auch das schmeckt hervorragend zu den vielen guten Braten und Hausmacher Brotzeiten. Die eigene Schlachtung hat man erhalten.

HAUSSCHLACHTUNG STATT BRAUEREI

BIER:
Fässla/Bamberg: Lager, Pils (beide vom Fass). Paulaner/München, Kritzenthaler: Alkoholfreies.

KÜCHE:
Hausmacher Brotzeiten. Täglich kleine Karte mit warmen Gerichten. Spezialitäten: Schnitzel, Leberkäs mit Ei, Göttinger.

GETRÄNKEPREIS:

PLÄTZE (FREI/REGENSICHER):
100/80

GUIDE-TIPP:
Leberkäs mit Ei

DB Strullendorf

GASTHOF LAMMBRÄU
Forchhheimer Straße 53
96129 Strullendorf
Tel.: 09543-220
Fax: 09543-4423750

ÖFFNUNGSZEITEN
Täglich ab 9 Uhr
So von 9 bis 12.30 Uhr und ab 15.30 Uh
(jeden ersten So im Monat durchgehe
Montag Ruhetag

GPS: 49°53'17" N / 10°58'52" E

Regnitztaler Alm

Auf der Alm regiert der Verein „Die Regnitztaler e.V.", der sich der Pflege der fränkischen Traditionen verschrieben hat. Dementsprechend gibt es zweimal im Jahr ein rauschendes Trachtenfest, zu dem immer weit über 1000 Besucher kommen. Ansonsten kümmern sich die Vereinsmitglieder liebevoll um jeden, der einen Zwischenstopp auf der Alm einlegen möchte. Alle Speisen sind selbstgemacht, insbesondere die Kuchen sind immer wieder eine

Der Vereinsbiergarten

BIER:
Reckendorfer Schloßbrauerei: Pils (vom Fass), Weizen, Weißbier, alkoholfreies Weizen, Alkoholfreies.

KÜCHE:
Fränkische Brotzeiten. Kleine Karte mit warmen Gerichten. Spezialitäten: Quark, Dosenfleisch, Hausplatte, selbstgebackene Kuchen.

GETRÄNKEPREIS:

PLÄTZE (FREI/REGENSICHER):
150/100

GUIDE-TIPP:
Kuchen

Regnitztaler Alm

Geisfelder Straße
96129 Strullendorf/Geisfeld
Tel.: 0951-16994

ÖFFNUNGSZEITEN
Sa ab 14 Uhr
So & Feiertage ab 9 Uhr
Mo bis Fr Ruhetag

DB Strullendorf
STWB Siemensstraße (11)

GPS: 49°51'04" N / 10°58'29" E

SCHWANENBRÄU-KELLER

VATERTAG IM WALD

Der Schwanenbräu-Keller ist insbesondere ein Highlight für Naturfreaks, am Waldrand gelegen und Ausgangspunkt für zahlreiche Spaziermöglichkeiten durch die grüne Lunge. Sehr lohnenswert für alle Väter und solche, die es werden wollen (oder ohne Wollen wurden): am Herrentag gibt's exzellente Schäuferla und knusprige Haxen. Aber auch an den anderen Tagen kann man es sich schmecken lassen, freitags zum Beispiel sind immer marinierte Heringe angesagt.

BIER:
Löwenbräu/Buttenheim: Lager (vom Fass), Pils, Weizen, Leichtes. Löwenbräu/München: Alkoholfreies.

KÜCHE:
Fränkische Brotzeiten. Täglich kleine Karte mit warmen Gerichten. Am Herrentag Haxen und Schäuferla. Spezialitäten: Currywurst, Pizzabaguette, marinierte Heringe (Fr).

GETRÄNKEPREIS:

PLÄTZE (FREI/REGENSICHER):
300/80

GUIDE-TIPP:
Knoblauchbaguette

DB Strullendorf

SCHWANENBRÄU-KELLER
Kellerbergstraße 9
96129 Strullendorf
Tel.: 09543-41278

ÖFFNUNGSZEITEN
Täglich ab 15 Uhr
So & Feiertage ab 10 Uhr
1. Mai & Herrentag ab 9 Uhr
Kein Ruhetag

GPS: 49°53'42" N / 10°43'41" E

BRAUEREI BECK

Leider haben die Franken erst 20 Jahre nach den Bremern angefangen, sonst könnte man mal nach den Namensrechten fragen ... Besser als das norddeutsche Pendant schmeckt (zumindest den Redaktionskehlen) das erstklassige wenig gehopfte Pils – ein Beleg dafür: Beim letzten Braumeisterfest schluckte die durstigste Kehle 32 (in Worten: zweiunddreißig) Halbe davon! Im kleinen Brauereihof sitzt man besonders gemütlich – um die große Kastanie baute man sogar einen runden Tisch. Überhaupt spürt man in jeder Ecke die Liebe, die die Inhaber Jutta und Herbert Beck in ihren Betrieb investieren. Der Besuch hier ist ein Muss!

BECKS IN FRANKEN

BIER:
Eigene Brauerei:Zwickel, Pils (beides vom Fass), Dunkles, Weizen, Lager, Helles, Schlossgold.
Kaiser/Neuhaus: Alkoholfreies.

KÜCHE:
Brotzeiten. Mittelgroße Karte mit warmen Gerichten. Spezialitäten: Braumeisterschnitzel, gebackene Leber mit Röstzwiebeln, Pfefferkarpfen in Bierteig.

GETRÄNKEPREIS:

PLÄTZE (FREI/REGENSICHER):
50/90

GUIDE-TIPP:
Braumeisterschnitzel

BRAUEREI BECK
Steigerwaldstraße 6
96170 Trabelsdorf
Tel.: 09549-252
eMail: beck.info@web.de
www.beck-braeu.de

ÖFFNUNGSZEITEN
Fr ab 16 Uhr
Sa & So ab 15 Uhr

OVF 8244 Trabelsdorf Brauerei Beck

GPS: 49°51'22" N / 10°51'55" E

Gastwirtschaft Hümmer

DRINK AND DRIVE

Bitte nicht falsch verstehen – Familie Hümmer betreibt neben der Gastwirtschaft auch eine Fahrschule, in der natürlich auch strikt darauf geachtet wird, dass mit Promille lieber ein Taxi gerufen als das eigene KFZ bewegt wird. Immerhin gibt's ja auch das alkoholfreie Bier von Maisel aus Bayreuth. Für alle NichtfahrerInnen ist Reckendorf oder Mönchsambach angesagt – ein guter Grund, im Zweifelsfall aufs Auto zu verzichten. Die Brotzeiten stammen aus Hausschlachtung.

BIER:
Reckendorfer Schloßbrauerei: Weißbier, Keller, Pils (alle vom Fass). Zehendner/Mönchsambach: Lager (vom Fass). Maisel/Bayreuth: Alkoholfreies.

KÜCHE:
Hausmacher Brotzeiten. Täglich kleine Karte mit warmen Gerichten. Sonntag Mittagstisch. Spezialitäten: Hausmacher Platte, Schnitzel, Bratwürste, Karpfen (saisonal).

GETRÄNKEPREIS:

PLÄTZE (FREI/REGENSICHER):
75/60

GUIDE-TIPP:
Hausmacher Platte

DB Breitengüßbach

OVF 8219 + 8221 Breitengüßbach

GASTWIRTSCHAFT HÜMMER
Dorfstraße 12
96135 Unteraurach
Tel.: 0951-29131

ÖFFNUNGSZEITEN
Täglich 10 bis 14 Uhr und ab 16 Uhr
Montag Ruhetag
(wenn Montag Feiertag, dann Dienstag Ruhetag)

GPS: 49°50'03" N / 10°51'42" E

BRAUEREI BÜTTNER

MIT KABARETT UND HAUSSCHWEIN

Viermal im Jahr ist bei Büttners Wirtshauskabarett angesagt – jedes Mal vor ausverkauftem Haus (also rechtzeitig reservieren). Sicher liegt das auch etwas an der Tradition des Hauses – bereits in der siebten Generation widmet man sich mit Liebe dem Gerstensaft. Und nicht nur dem Gerstensaft – auch die Schweine werden von der Wirtsfamilie großgezogen, damit versteht sich Hausschlachtung von selbst.

BIER:
Eigene Brauerei: Helles (vom Fass). Clausthaler: Alkoholfreies.

KÜCHE:
Hausmacher Brotzeiten. Täglich kleine Karte mit warmen Gerichten. Spezialitäten: Hausplatte, Dosenfleisch, Currywurst, selbstgemachte Pizza.

GETRÄNKEPREIS:

PLÄTZE (FREI/REGENSICHER):
150/135

GUIDE-TIPP:
Hausplatte

BRAUEREI BÜTTNER
Hauptstraße 8
96158 Untergreuth/Frensdorf
Tel.: 09502-342
eMail: micha-buettner@t-online.de
www.brauerei-buettner.de

ÖFFNUNGSZEITEN
Di ab 16 Uhr
Fr ab 17 Uhr
Sa, So & Feiertage ab 14 Uhr
Mo, Mi & Do Ruhetag

OVF 8233 Untergreuth

GPS: 49°43'50" N / 10°33'49" E

BIERKELLER ZUM HOPFENGARTEN

WER SUCHET, DER FINDET

BIER:
Zehendner/Mönchsambach: Lagerbier (vom Fass), Weizen. Kritzenthaler: Alkoholfreies.

KÜCHE:
Hausmacher Brotzeiten. Sonntag Mittagstisch. Spezialitäten: selbstgemachte Bratwürste (Wochenende), Adlerhaxe, Schweinebraten, Kellerfleisch.

GETRÄNKEPREIS:

PLÄTZE (FREI/REGENSICHER):
800/85

GUIDE-TIPP:
Hausmacher Bratwürste

OVF 8223 Schlüsselfeld

Zumindest, wenn er Glück hat. In den Stollen des echten Bierkellers sind immer noch zahlreiche Flaschen und Fässer verschüttet. Ob das Bier darin allerdings noch genießbar ist, darf bezweifelt werden. Da lässt man sich lieber mit bis zu 800 Gleichgesinnten das gute Mönchsambacher Bier schmecken und testet eine der selbstgemachten Speisen in „Frankens gemütlicher Ecke".

BIERKELLER ZUM HOPFENGARTEN
Unterrimbach 38
96152 Burghaslach/Unterrimbach
Tel.: 09552-1546

ÖFFNUNGSZEITEN
Di bis Fr ab 16 Uhr
Sa, So & Feiertage ab 9 Uhr
Montag Ruhetag

GPS: 49°51'24" N / 10°52'45" E

Waizendorfer Keller

MAHR'S IM WALD

Eigentlich würde man das gar nicht erwarten – auf den ersten Blick kommt einem der Waizendorfer Keller eher wie eine Notgeburt am Straßenrand vor. Wenn man dann aber in den Schatten der vielen alten Bäume getreten ist, wird man schnell von der

heimeligen Atmosphäre gefangen und vergisst die sowieso nicht so zahlreich vorbeifahrenden Automobile und die Zivilisation. Man wird mit einer breiten Palette an Hausmacher Brotzeiten aus eigener Schlachtung verwöhnt und bleibt fast immer länger als geplant.

BIER:
Mahr's Bräu/Bamberg: Pils, Keller, Hefeweizen (alle vom Fass). Löwenbräu/München: Alkoholfreies.

KÜCHE:
Hausmacher Brotzeiten. Täglich wechselnd warmes Gericht. Spezialität: Kellerplatte

GETRÄNKEPREIS: 🍺🍺

PLÄTZE (FREI/REGENSICHER):
300/50

GUIDE-TIPP:
Hausmacher Brotzeiten

WAIZENDORFER KELLER
Frensdorfer Straße 1
96135 Waizendorf
Tel.: 0951-9921075 oder 0160/3204864

ÖFFNUNGSZEITEN
Täglich ab 15.30 Uhr
Dienstag Ruhetag

OVF 8223 Waizendorf

www. BIERKELLER.BY präsentiert:

BIER-HIGHLIGHTS 2007

AN DIESER STELLE MÖCHTEN WIR FÜR DIE GENEIGTE LESERSCHAFT EINIGE HIGHLIGHT-TERMINE DES JAHRES 2007 BIETEN, DAMIT DER LITERARISCHE BIERKONSUM AUCH SCHNELL IN DIE PRAXIS UMGESETZT WERDEN KANN.

MAI

Africa Festival Würzburg (25.-28.5.07)
www.africafestival.org
Schon knapp 20 Jahre beheimatet Würzburg Europas größtes Festival für die afrikanische Kultur und Europa.

Heimatfest Königsberg in Bayern (25.-29.5.07)
www.koenigsberg.de
Ein Fest mit großer Tradition, bei dem die älteste Bürgerwehr Deutschlands im traditionellen Heckerhut marschiert.

JUNI

Volksfest Schweinfurt (8.-18.6.07)
www.volksfest-schweinfurt.de
Ein klassisches Volksfest, angereichert mit Romantik- und Oldie-Abend, sowie großem Abschlussfeuerwerk.

Burgfest Lauenstein (22.-24.6.07)
www.burghotel-lauenstein.de
Alle zwei Jahre versetzt sich der kleine Ort ins Mittelalter.

Straßenweinfest Prichsenstadt (8.-11.6.07) *www.prichsenstadt.de*
Die fast vollständig erhaltene mittelalterliche Stadt bietet eine ideale Kulisse für ein Straßenfest.

JULI

Heinrichsfest Bamberg (6. - 8.7.07)
www.bistumsjubilaeum.de
Das traditionelle Fest, zum Bistumsjübliäum besonders unterhaltsam.

Bamberg zaubert (13.-15.7.07)
www.bambergzaubert.de
Zum neunten Mal Kleinkunstfestival in der Domstadt. Verzauberung garantiert!

Annafest Forchheim (21.-30.7.07)
www.annafest-forchheim.de
Bierfest auf dem Weltrekordkellerberg in der alten Königstadt.

(Keine Garantie für Vollständigkeit und Richtigk

Sambafest Coburg (13.-15.7.07)
www.samba-festival.de
Zum 16. Mal treffen sich die Sambistas der Welt in Coburg. Man ist Weltrekordhalter als größte Samba-Bateria der Welt.

Schlossplatzfest Coburg (19.-23.7.07)
www.schlossplatzfest-coburg.de
Eher intimes Schaulaufen des Coburger Who-is-Who, mit vielen improvisierten Biergärtchen rund um den Schlossplatz.

Kulmbacher Bierwoche (28.7.-5.8.07) *www.kulmbacher.de*
Endlich mal ein Fest, bei dem es nur ums Bier geht, allerdings stammen alle angebotenen Sorten mittlerweile aus einem Haus.

Schützenfest Lichtenfels (13.-22.7.07)
www.lichtenfels-city.de
Der große Klassiker in der Korbstadt – die Fans reisen bis aus Coburg an.

August

Sandkerwa Bamberg (23.-27.8.07)
www.sandkerwa.de
Traditionskirchweih mit italienischer Nacht, Fischerstechen und Rauchbier.

Altstadtfest Seßlach (18.-19.8.07)
www.sesslach.de
Die historische Mittelalterstadt steht Kopf, Stadtlauf, diverse Märkte, Seßlacher Kasperle und der traditionelle Bieranstich – einmal muss man dagewesen sein!

Schützenfest Kronach (9.-19.8.07)
www.kronacher-freischiessen.com
Zum 419. Mal (kein Druckfehler!) steigt das Oktoberfest des Frankenwaldes – die fünfte Jahreszeit in Kronach.

Zeiler Weinfest (4.-6.8.07)
www.zeiler-weinfest.de
Nicht nur für Weinfans ist das Zeiler Weinfest eine der Konstanten im Jahr. Die Kulisse ist einfach traumhaft, ebenso das Engagement der gesamten Bevölkerung.

Fränkisches Weinfest Volkach (10.-14.8.07) *www.volkach.de*
Mitterweile ausgelagert ist die größte und älteste Schunkel-Fete im Bocksbeutel-Revier.

September

Korbmarkt Lichtenfels (15.-16.9.07)
www.korbmarkt.lichtenfels-city.de
Die bunte Mischung aus Altstadtfest und Spezialmarkt gibt es schon über ein Vierteljahrhundert.

Aktuelle Termine, auch über 2007 hinaus, finden Sie auf der Website zum Buch - **Bierkeller.by**

Ortsindex A-P

ORTSINDEX R-Z

bierkennertour℠
Franken die letzten Biergeheimnisse entlocken

Bierkeller gemeinsam erleben

Herzlichen Glückwunsch, Sie haben nun an die 150 Bierkeller und Biergärten kennengelernt und sich einiges an Wissen rund um die fränkische Bierkultur angelesen. Im letzten Jahr erhielten wir von vielen Lesern die Frage und gleichzeitige Anregung, warum wir nicht die Möglichkeit bieten, bei unseren Bierkeller-Tests dabeizusein.

WWW.BIERKENNERTOUR.DE

Das haben wir uns zu Herzen genommen und die BierKennerTour ins Leben gerufen. Dieses Angebot können Sie bei uns direkt buchen (www.bierkennertour.de). Je nach Wunsch erkunden wir mit Ihnen gemeinsam die Geheimtipps der Geheimtipps, legen einen Zwischenstopp zur Büttnerei- oder Brauereibesichtigung ein, führen Sie durch eines der Brauereimuseen oder bringen Sie auf die richtigen Bierwanderwege.

Buchbar ist das Angebot für Gruppen ab 20 Personen (ideal für Geburtstage, Firmenfeiern und andere bierselige Anlässe), optional fahren wir im Brauerei-Nostalgiebus der Firma Spörlein aus Burgebrach. Die Tour gibt es als Halb- und Ganztagesausflug, auf Wunsch mit anschließender Abendtour auf den Forchheimer Kellerberg oder durch die Bamberger Bierkeller (Stephansberg/Innenstadt).

Lassen Sie sich durch Bierfranken führen, genießen Sie dabei leckere Bier- und Brotzeitspezialitäten und erleben Sie hautnah die Autoren des vorliegenden Werkes. Für witzige und interessante Geschichten aus der Recherchezeit sind wir immer zu haben, genauso wie für Ihre Fragen rund ums Bier.

BierKennerTour
Ein Angbot der GuideMedia GbR
Untere Sandstraße 37
96049 Bamberg
0951-5194166
www.bierkennertour.de

VORERST LETZTE SEITE

Sehr geehrte Leserschaft, am Ende eines solchen Buches stehen Wehmut, Stolz und Vorfreude nebeneinander. Wehmut, weil es wieder so viel Spaß gemacht hat, in unsere Bierkellerlandschaft einzutauchen, neue Wirte und ihre „Babies" kennenzulernen und beinahe täglich auf neue Variationen aus Sudkesseln und Brotzeitküchen zu stoßen.

Stolz, weil das vorliegende Buch schon der vierte Band aus unserer Feder ist, und wir wieder viel Energie und Leidenschaft aufgewendet haben, um Ihnen noch mehr bieten zu können. Die Kooperation mit der Deutschen Bahn hat hierbei einen besonders großen Anteil.

Vorfreude schließlich erfüllt uns, weil wir uns natürlich nicht auf den (hoffentlich geernteten) Lorbeeren dieses Buches ausruhen werden.

Natürlich freuen wir uns auch wieder auf Ihre Anregungen, die bereits maßgeblich zu den Fortschritten in diesem Buch beigetragen haben. Unter **www.bierkeller.by** finden Sie auch immer den aktuellen Bierkellerguide mit allen Kellern der Gesamtausgabe Frankens schönste Bierkeller und Biergärten.

IN DER NÄHEREN ZUKUNFT ERWARTEN SIE:

- **Frankens schönste Bierkeller und Biergärten**
  die Komplettedition (Unterfranken, Mittelfranken, Oberfranken)
- **Oberfrankens Brauer und Brauereien in drei Bänden**
- **Frankens schönste Weingüter und Heckenwirtschaften**
- **Bambergs beste Kneipen**
  2. Auflage
- **Faszination Fränkische Schweiz**

Wenn Sie unsere Kompetenzen zur Umsetzung Ihrer Marketingpläne, Veröffentlichungen oder Eigenwerbung nutzen wollen, laden wir Sie gerne zu einem Besuch auf **www.guidemedia.de** ein.